DÉBUTEZ EN RÉALITÉ VIRTUELLE ET AUGMENTÉE

RÉVOLUTIONNEZ VOS FORMATIONS POUR UN APPRENTISSAGE INOUBLIABLE

EDITION 2023

Préface

En tant que formateur, j'ai vu de nombreux changements au fil des ans en ce qui concerne les pratiques et les outils d'enseignement. Les avancées technologiques ont ouvert de nouvelles portes pour l'apprentissage, en particulier avec l'émergence de la réalité virtuelle (VR) et de la réalité augmentée (AR).

Ces technologies ont le potentiel de révolutionner la façon dont nous enseignons et apprenons, et je suis convaincu qu'il est temps pour les formateurs de se préparer à ce virage technologique.

C'est pourquoi j'ai décidé d'écrire ce livre pour aider les formateurs à comprendre les avantages de l'apprentissage immersif en VR et AR, ainsi que les différents types de contenu immersif disponibles.

Mon intention est d'aider les formateurs à explorer les plateformes disponibles pour créer des formations immersives en VR et AR, ainsi que les outils et logiciels nécessaires pour développer du contenu immersif.

Je crois également qu'il est important d'examiner les étapes de conception d'une formation immersive en VR et AR, en fournissant des exemples concrets et des bonnes pratiques pour aider les formateurs à guider leurs apprenants dans un environnement d'apprentissage immersif. Les formateurs doivent être en mesure de créer des environnements immersifs en VR et AR pour offrir une expérience d'apprentissage optimale.

Nous abordons également les domaines d'application de la formation immersive en VR et AR, ainsi que les exemples existants pour aider les formateurs à comprendre comment cette technologie peut être utilisée dans leur domaine d'enseignement. C'est également important d'explorer les défis techniques auxquels sont confrontés les formateurs lors de la création de formations immersives en VR et AR, et les stratégies pour surmonter ces défis et offrir une expérience immersive réussie.

Pour moi, la préparation des formateurs à ces technologies émergentes est essentielle pour l'avenir de l'éducation et de la formation. Il est temps de commencer à explorer ces technologies pour améliorer l'apprentissage et l'expérience de nos apprenants. Je suis convaincu que ce livre sera une source d'inspiration et d'information pour les formateurs qui cherchent à offrir une expérience d'apprentissage interactive et engageante pour leurs apprenants.

Je suis fier de partager mes connaissances et mes expériences en matière d'apprentissage immersif en VR et AR avec vous, et j'espère que ce livre sera un outil précieux pour les formateurs qui cherchent à améliorer leur pratique et à préparer leur avenir professionnel.

Cependant, il est important de noter que les technologies de réalité virtuelle et augmentée évoluent rapidement et que de nouvelles solutions sont constamment développées. Les limites actuelles des technologies de réalité virtuelle et augmentée comprennent notamment la qualité des images, la taille des environnements virtuels, la durée de vie des batteries, les coûts élevés et les défis liés à l'ergonomie.

Il est donc possible que certaines des notions et des compétences abordées dans ce livre puissent être rapidement dépassées ou nécessitent des mises à jour. Il est donc important pour les formateurs de rester informés des dernières avancées technologiques et de continuer à se former pour s'adapter à ces changements. Les évolutions futures des technologies de réalité virtuelle et augmentée pourraient inclure des améliorations en matière de résolution d'image, de traitement des données, de suivi des mouvements, d'ergonomie et de durée de vie de la batterie.

Cependant, malgré ces limites et évolutions, la réalité virtuelle et augmentée continue de représenter un potentiel important pour l'apprentissage et la formation. Les formateurs qui développent les compétences nécessaires pour concevoir et offrir des formations immersives en réalité virtuelle et augmentée seront bien positionnés pour offrir des expériences d'apprentissage de qualité supérieure qui peuvent être plus efficaces et plus engageantes que les méthodes de formation traditionnelles.

Remerciements

Je tiens à prendre quelques instants pour exprimer ma profonde gratitude envers les personnes qui m'ont soutenu tout au long de ce voyage passionnant. Sans leur soutien inconditionnel, je n'aurais jamais pu accomplir tout ce que j'ai réalisé jusqu'à présent.

Je voudrais tout d'abord remercier la plateforme Udemy pour son incroyable plateforme de formation en ligne. Grâce à leur technologie innovante et leur contenu de haute qualité, j'ai pu acquérir de nouvelles compétences dans divers domaines qui ont grandement contribué à mon développement personnel et professionnel.

Je suis également reconnaissant envers Unity Learn pour leur formidable plateforme d'apprentissage de la programmation de jeux vidéo. Leurs ressources complètes et leur communauté active m'ont aidé à devenir un meilleur développeur de jeux vidéo.

Un grand merci également à Microsoft Learn pour leur plateforme d'apprentissage en ligne, qui m'a permis de maîtriser les compétences nécessaires pour travailler efficacement avec leurs produits et services.

Je ne peux pas exprimer à quel point je suis reconnaissant envers ma famille et mes enfants. Ils ont été une source inépuisable de soutien, d'encouragement et de motivation tout au long de ma vie. Leur amour et leur soutien sans faille m'ont permis de me concentrer sur mes objectifs et de me donner la force nécessaire pour poursuivre mes rêves.

Enfin, je voudrais exprimer un remerciement particulier à Emilie, ma conjointe. Elle a été ma plus grande source d'inspiration et de soutien tout au long de ce voyage. Son amour, sa patience et son soutien constant m'ont aidé à persévérer dans les moments difficiles et ont été un véritable moteur pour mon succès. Je suis tellement chanceux de l'avoir à mes côtés et je lui suis éternellement reconnaissant pour tout ce qu'elle fait pour moi.

En somme, je tiens à exprimer ma profonde reconnaissance envers chacune de ces personnes et organisations. Grâce à leur soutien et leur encouragement, j'ai pu réaliser mes rêves et je suis excité de voir où ce voyage me mènera. Je suis reconnaissant de tout ce qu'ils ont fait pour moi et je leur en serai toujours reconnaissant.

Sommaire

Chapitre 1 : Introduction à l'apprentissage immersif

- Les avantages de l'apprentissage immersif en VR et AR pour les formateurs et les apprenants
- Les différents types de contenu immersif (3D, vidéo 360, hologrammes)
- Les plateformes VR et AR disponibles pour créer des formations immersives

Chapitre 2 : Conception de formations immersives en VR et AR

- Les étapes de conception d'une formation immersive en VR et AR

- Comment définir les objectifs de formation et choisir les éléments d'apprentissage appropriés pour une expérience immersive
- Les bonnes pratiques pour la conception de formations immersives

Chapitre 3 : Développement de formations immersives en VR et AR
- Les outils et logiciels nécessaires pour le développement de formations immersives
- Comment créer des environnements immersifs en VR et AR
- Les techniques de développement de contenu immersif en VR et AR

Chapitre 4 : Mise en œuvre de formations immersives en VR et AR

- Comment intégrer une formation immersive en VR et AR dans un programme de formation
- Les stratégies pour assurer une expérience immersive réussie
- Comment mesurer l'efficacité d'une formation immersive en VR et AR

Chapitre 5 : Les applications de l'apprentissage immersif en VR et AR

- Les domaines d'application de la formation immersive en VR et AR
- Les exemples de formation immersive en VR et AR
- Comment l'apprentissage immersif en VR et AR peut améliorer les résultats de la formation

Chapitre 6 : Les défis techniques de la création de formations immersives en VR et AR
- Les contraintes matérielles et techniques à prendre en compte lors de la création de formations immersives
- Les limites des technologies VR et AR
- Comment surmonter les défis techniques pour offrir une expérience immersive réussie

Chapitre 7 : Compétences requises pour les formateurs pour réaliser des formations immersives en VR et AR
- Maîtrise des technologies de réalité virtuelle ou augmentée :
- Capacité à concevoir des environnements immersifs
- Compétences en développement de contenu

- Compétences en animation et en narration

Chapitre 8 : Conclusion et ressources
- Résumé des points clés pour la création de formations immersives en VR et AR
- Les ressources pour en apprendre davantage sur la création de formations immersives en VR et AR
- Les conseils pour les formateurs souhaitant créer des formations immersives en VR et AR

Introduction

L'avènement de la réalité virtuelle (VR) et de la réalité augmentée (AR) a ouvert de nouvelles perspectives en matière d'apprentissage. Ces technologies ont le potentiel de créer des environnements d'apprentissage immersifs et interactifs, permettant aux apprenants de s'immerger dans des situations d'apprentissage réalistes. Les formateurs doivent comprendre l'importance de ces nouvelles technologies et les intégrer dans leur pratique pour offrir des expériences d'apprentissage engageantes et efficaces.

Ce livre aborde les avantages de l'apprentissage immersif en VR et AR pour les formateurs et les apprenants, ainsi que les différents types de contenu immersif disponibles. Nous examinons également les plateformes disponibles pour créer des formations immersives en VR et AR, ainsi que les outils et logiciels nécessaires pour développer du contenu immersif. Nous explorons les étapes de conception d'une formation immersive en VR et AR, ainsi que les bonnes pratiques pour guider les formateurs dans la création d'environnements immersifs.

Les domaines d'application de la formation immersive en VR et AR sont également abordés, ainsi que les exemples existants pour aider les formateurs à comprendre comment cette technologie peut être utilisée dans leur domaine d'enseignement. Nous examinons également les défis techniques auxquels sont confrontés les formateurs lors de la création de formations immersives en VR et AR, et les stratégies pour surmonter ces défis et offrir une expérience immersive réussie.

Ce livre est destiné aux formateurs qui cherchent à améliorer leur pratique en intégrant les technologies de réalité virtuelle et augmentée. Il est conçu pour aider les formateurs à comprendre les avantages de ces technologies, ainsi que les techniques et les outils nécessaires pour intégrer l'apprentissage immersif en VR et AR dans leur pratique. Les formateurs peuvent utiliser ce livre comme un guide pratique pour créer des environnements d'apprentissage immersifs, offrant une expérience d'apprentissage interactive et engageante pour leurs apprenants.

L'apprentissage immersif en VR et AR est en constante évolution et offre des possibilités infinies pour améliorer l'apprentissage. Les formateurs doivent être prêts à explorer ces technologies émergentes pour offrir une expérience d'apprentissage optimale à leurs apprenants. Ce livre est un point de départ pour les formateurs qui cherchent à s'engager dans cette nouvelle ère de l'apprentissage.

Chapitre 1 :

Introduction à l'apprentissage immersif

Les avantages de l'apprentissage immersif en VR et AR pour les formateurs et les apprenants

L'apprentissage immersif en réalité virtuelle (VR) et augmentée (AR) est en train de révolutionner la formation professionnelle. Les technologies immersives permettent aux apprenants de s'immerger dans des environnements virtuels ou augmentés, de pratiquer des tâches réelles et de se former de manière interactive, visuelle et auditive. Les formations immersives en VR et AR sont de plus en plus utilisées dans de nombreux domaines, tels que la médecine, l'industrie, le commerce ou encore l'éducation.

Dans ce chapitre, nous explorerons les avantages de l'apprentissage immersif en VR et AR pour les formateurs et les apprenants. Nous détaillerons les bénéfices de l'apprentissage immersif en termes de mémorisation, d'engagement, d'efficacité et d'efficience.

Les avantages de l'apprentissage immersif en VR et AR pour les apprenants

L'apprentissage immersif en VR et AR offre de nombreux avantages pour les apprenants, tels que :

1. Mémorisation améliorée : Les environnements virtuels en 3D permettent aux apprenants de se rappeler plus facilement des informations qu'ils ont apprises. Les environnements immersifs facilitent la mémorisation en créant des situations de formation plus engageantes et stimulantes pour l'apprenant.

2. Engagement accru : Les formations immersives en VR et AR offrent une

expérience immersive qui permet aux apprenants de s'engager plus facilement dans le processus d'apprentissage. L'apprentissage immersif stimule les sens et favorise une expérience d'apprentissage plus complète et plus riche.

3. <u>Apprentissage expérientiel</u> :
L'apprentissage expérientiel permet aux apprenants de s'engager dans des tâches réelles, sans risque de causer des dommages. Les formations immersives en VR et AR permettent aux apprenants de s'immerger dans des situations simulées qui reproduisent les conditions réelles. Cela permet aux apprenants de mettre en pratique leurs connaissances et compétences dans un environnement sécurisé.

4. <u>Adaptabilité</u> : Les formations immersives en VR et AR peuvent être conçues pour répondre aux besoins individuels des apprenants. Les apprenants peuvent choisir leur propre rythme d'apprentissage, leur propre niveau de difficulté et leur propre style d'apprentissage. Les formations immersives en VR et AR offrent également des retours immédiats, ce qui permet aux apprenants de s'autoévaluer et de suivre leur propre progression.

5. <u>Accessibilité</u> : Les formations immersives en VR et AR peuvent être accessibles à tout moment et de partout, à condition que les apprenants aient accès à une plateforme de réalité virtuelle ou

augmentée. Cela signifie que les apprenants peuvent suivre une formation immersive en ligne, à leur propre rythme, sans avoir à se déplacer sur un site de formation physique.

Les avantages de l'apprentissage immersif en VR et AR pour les formateurs

L'apprentissage immersif en VR et AR offre également des avantages pour les formateurs, tels que :

1. <u>Créativité</u> : Les environnements immersifs offrent aux formateurs la possibilité de concevoir des formations créatives et innovantes. Les formateurs peuvent créer des environnements immersifs qui permettent aux apprenants de découvrir

des situations difficiles à reproduire dans un environnement réel. Les formateurs peuvent également créer des simulations qui permettent aux apprenants d'expérimenter des situations potentiellement dangereuses, sans risquer leur sécurité.

2. Flexibilité : Les formations immersives en VR et AR offrent une plus grande flexibilité pour les formateurs. Les formateurs peuvent adapter les formations en fonction des besoins individuels des apprenants. Les formateurs peuvent également créer des formations plus interactives et collaboratives, ce qui stimule la participation des apprenants.

3. <u>Analyse des données</u> : Les formations immersives en VR et AR permettent une analyse des données plus approfondie. Les formateurs peuvent collecter des données sur l'utilisation de la formation, sur les erreurs commises par les apprenants, sur les temps de réponse et sur les performances globales des apprenants. Cette analyse permet aux formateurs de personnaliser davantage la formation et d'adapter le contenu en fonction des besoins des apprenants.

4. <u>Coûts réduits :</u> Les formations immersives en VR et AR permettent de réduire les coûts de formation. Les formations immersives peuvent être conçues pour répondre aux besoins des apprenants sans nécessiter de déplacements coûteux pour

se rendre à des sites de formation physique. De plus, les formations immersives permettent de réaliser des économies en matière de temps et de matériel de formation.

5. <u>Meilleure rétention :</u> Les formations immersives en VR et AR sont plus mémorables pour les apprenants, ce qui conduit à une meilleure rétention de l'information. Les formateurs peuvent ainsi concevoir des formations plus efficaces qui offrent une meilleure rétention de l'information.

Conclusion

En conclusion, l'apprentissage immersif en VR et AR offre de nombreux avantages pour les apprenants et les formateurs. Les environnements immersifs offrent une expérience d'apprentissage plus engageante et stimulante, favorisant ainsi la mémorisation et la rétention de l'information. Les formations immersives en VR et AR offrent également une plus grande flexibilité pour les formateurs, ainsi qu'une analyse plus approfondie des données. Enfin, les formations immersives en VR et AR permettent de réaliser des économies en termes de coûts de formation. Les avantages de l'apprentissage immersif en VR et AR sont indéniables, ce qui en fait une méthode de formation prometteuse pour l'avenir de l'éducation et de la formation professionnelle.

Les différents types de contenu immersif (3D, vidéo 360, hologrammes)

Les technologies immersives telles que la réalité virtuelle (VR) et la réalité augmentée (AR) offrent une expérience d'apprentissage immersive, visuelle et auditive pour les apprenants. L'un des éléments clés de la création de formations immersives est le contenu immersif lui-même. Dans ce chapitre, nous explorerons les différents types de contenu immersif, tels que la 3D, la vidéo 360 et les hologrammes, ainsi que leurs avantages et leurs limites pour la formation professionnelle.

La 3D

La 3D est un type de contenu immersif largement utilisé dans la formation professionnelle. La 3D offre une représentation en trois dimensions d'un environnement, d'un objet ou d'un processus. Les environnements 3D sont utilisés pour créer des simulations immersives qui reproduisent des situations réelles ou des scénarios hypothétiques.

Les avantages de la 3D pour la formation professionnelle sont nombreux. La 3D permet aux apprenants de visualiser des objets, des processus et des environnements de manière réaliste. Les apprenants peuvent interagir avec les environnements 3D, ce qui leur permet de mieux comprendre les processus et les interactions. Les environnements 3D permettent également une personnalisation plus poussée de la formation, ce qui facilite l'adaptation de la formation aux besoins individuels des apprenants.

La vidéo 360

La vidéo 360 est un autre type de contenu immersif qui peut être utilisé pour la formation professionnelle. Les vidéos 360 permettent aux apprenants de visualiser une scène à 360 degrés, ce qui leur permet d'explorer un environnement de manière plus réaliste. Les vidéos 360 peuvent être utilisées pour créer des environnements virtuels qui simulent des situations réelles ou des scénarios hypothétiques.

Les avantages de la vidéo 360 pour la formation professionnelle sont nombreux. La vidéo 360 permet aux apprenants de découvrir un environnement de manière plus réaliste, ce qui facilite la mémorisation et la compréhension. Les vidéos 360 sont également plus accessibles que les environnements 3D, car elles peuvent être visualisées sur un smartphone ou une tablette.

Les hologrammes

Les hologrammes sont un type de contenu immersif relativement nouveau qui peut être utilisé pour la formation professionnelle. Les hologrammes sont des images tridimensionnelles qui peuvent être visualisées sans l'aide de lunettes 3D. Les hologrammes peuvent être utilisés pour créer des scénarios immersifs qui simulent des situations réelles.

Les avantages des hologrammes pour la formation professionnelle sont nombreux. Les hologrammes permettent aux apprenants de visualiser des objets, des processus et des environnements de manière réaliste. Les hologrammes permettent également une interaction plus poussée avec l'environnement, ce qui facilite la compréhension et la mémorisation.

Les limites des différents types de contenu immersif

Bien que les différents types de contenu immersif offrent de nombreux avantages pour la formation professionnelle, ils présentent également des limites. Les limites de la 3D, de la vidéo 360 et des holgrammes comprennent :

Coûts élevés : La création de contenu immersif peut être coûteuse. La création de contenus 3D, de vidéos 360 et d'hologrammes peut être coûteuse en termes de temps, de personnel et de matériel.

Complexité : La création de contenu immersif peut être complexe. La création de contenus 3D, de vidéos 360 et d'hologrammes nécessite des compétences techniques avancées, ainsi que des logiciels spécialisés.

Pour profiter pleinement des environnements immersifs, les apprenants doivent avoir accès à des équipements spécifiques tels que des casques VR, des tablettes ou des smartphones compatibles avec la vidéo 360 et les hologrammes.

<u>Limitations techniques :</u> Les différents types de contenu immersif présentent des limites techniques. Les vidéos 360 peuvent présenter des problèmes de qualité d'image, de stabilité ou de synchronisation. Les environnements 3D peuvent nécessiter des équipements informatiques avancés pour fonctionner correctement.

Conclusion

En conclusion, les différents types de contenu immersif, tels que la 3D, la vidéo 360 et les hologrammes, offrent des avantages pour la formation professionnelle. Les environnements immersifs permettent une expérience d'apprentissage plus réaliste et interactive, facilitant ainsi la compréhension, la mémorisation et la rétention de l'information. Cependant, la création de contenus immersifs peut être coûteuse et complexe, nécessitant des compétences techniques avancées et des équipements spécialisés. Les limites techniques peuvent également limiter l'efficacité des environnements immersifs. Malgré ces limites, l'utilisation de contenus immersifs continue de se développer dans le domaine de la formation professionnelle, offrant de nouvelles opportunités pour l'avenir de l'éducation et de la formation.

Les plateformes VR et AR disponibles pour créer des formations immersives

Les plateformes de réalité virtuelle (VR) et augmentée (AR) offrent de nouvelles possibilités pour la création de formations immersives. Les plateformes VR et AR permettent aux formateurs de créer des environnements virtuels et augmentés, de simuler des situations réelles et de former de manière interactive et immersive. Dans ce chapitre, nous explorerons les différentes plateformes VR et AR disponibles pour la création de formations immersives, ainsi que leurs avantages et leurs limites pour la formation professionnelle.

Les plateformes VR pour la formation professionnelle

Les plateformes VR pour la formation professionnelle permettent aux formateurs de créer des environnements virtuels immersifs qui simulent des situations réelles. Les environnements VR peuvent être utilisés pour créer des simulations de tâches spécifiques, des jeux de rôle ou des scénarios hypothétiques.

Les plateformes VR pour la formation professionnelle comprennent :

Oculus for Business : Oculus for Business est une plateforme VR développée par Facebook pour la formation professionnelle. Oculus for Business offre des fonctionnalités telles que la gestion à distance des casques VR, la personnalisation de l'expérience de formation et l'analyse des données.

HTC Vive : HTC Vive est une plateforme VR populaire pour la formation professionnelle. HTC Vive offre une gamme de fonctionnalités telles que le suivi des mouvements de la tête et des mains, des graphismes haute résolution et des fonctionnalités de collaboration.

Samsung Gear VR : Samsung Gear VR est une plateforme VR mobile qui peut être utilisée pour la formation professionnelle. Samsung Gear VR offre une expérience VR immersif et un large éventail d'applications éducatives.

Les plateformes AR pour la formation professionnelle

Les plateformes AR pour la formation professionnelle permettent aux formateurs de créer des environnements augmentés qui permettent aux apprenants d'interagir avec des objets virtuels dans un environnement réel. Les environnements AR peuvent être utilisés pour créer des simulations de tâches spécifiques, des jeux de rôle ou des scénarios hypothétiques.

Les plateformes AR pour la formation professionnelle comprennent :

Microsoft HoloLens : Microsoft HoloLens est une plateforme AR populaire pour la formation professionnelle. Microsoft HoloLens offre des fonctionnalités telles que la projection d'images 3D dans l'environnement réel, des interactions gestuelles et vocales, ainsi que des fonctionnalités de collaboration.

Magic Leap : Magic Leap est une plateforme AR développée pour la formation professionnelle. Magic Leap offre des fonctionnalités telles que la projection d'images 3D dans l'environnement réel, des interactions gestuelles et vocales, ainsi que des fonctionnalités de collaboration.

Google ARCore : Google ARCore est une plateforme AR mobile qui peut être utilisée pour la formation professionnelle. Google ARCore offre une expérience AR immersif et un large éventail d'applications éducatives.

Les avantages et les limites des plateformes VR et AR pour la formation professionnelle

Les plateformes VR et AR offrent de nombreux avantages pour la formation professionnelle, tels que :

Expérience immersive : Les environnements VR et AR offrent une expérience d'apprentissage plus immersive, interactive et stimulante pour les apprenants.

Personnalisation : Les environnements VR et AR permettent une personnalisation plus poussée de la formation, ce qui facilite l'adaptation de la formation aux besoins individuels des apprenants.

Analyse des données : Les plateformes VR et AR permettent une analyse des données plus approfondie. Les formateurs peuvent collecter des données sur l'utilisation de la formation, sur les erreurs commises par les apprenants, sur les temps de réponse et sur les performances globales des apprenants. Cette analyse permet aux formateurs de personnaliser davantage la formation et d'adapter le contenu en fonction des besoins des apprenants.

Cependant, les plateformes VR et AR présentent également des limites pour la formation professionnelle, telles que :

Coûts élevés : Les plateformes VR et AR peuvent être coûteuses en termes de temps, de personnel et de matériel.

Complexité : Les plateformes VR et AR peuvent être complexes. La création de contenus immersifs nécessite des compétences techniques avancées, ainsi que des logiciels spécialisés.

Limitations techniques : Les plateformes VR et AR présentent des limites techniques. Les environnements VR peuvent nécessiter des équipements informatiques avancés pour fonctionner correctement. Les environnements AR peuvent être affectés par la qualité de la caméra, de la luminosité et de la stabilité de l'environnement réel.

Conclusion

En conclusion, les plateformes VR et AR offrent de nombreuses possibilités pour la création de formations immersives. Les environnements VR et AR offrent une expérience d'apprentissage plus immersive, interactive et stimulante pour les apprenants. Les plateformes VR et AR permettent également une personnalisation plus poussée de la formation, ainsi qu'une analyse plus approfondie des données.
Cependant, les plateformes VR et AR peuvent être coûteuses et complexes, nécessitant des compétences techniques avancées et des équipements spécialisés. Les limitations techniques peuvent également limiter l'efficacité des environnements immersifs. Malgré ces limites, l'utilisation de plateformes VR et AR

continue de se développer dans le domaine de la formation professionnelle, offrant de nouvelles opportunités pour l'avenir de l'éducation et de la formation.

Chapitre 2 :

Conception de formations immersives en VR et AR

La conception de formations immersives en réalité virtuelle (VR) et augmentée (AR) offre des possibilités infinies pour l'apprentissage et la formation professionnelle. Les environnements immersifs permettent aux apprenants d'explorer, d'interagir et de s'immerger dans des scénarios réalistes, ce qui facilite la mémorisation et la compréhension. Dans ce chapitre, nous aborderons la conception de formations immersives en VR et AR, en examinant les différentes étapes du processus de conception et les éléments clés de la création de contenus immersifs.

La conception de formations immersives en VR et AR nécessite une planification minutieuse et une compréhension approfondie de la technologie et des outils disponibles. Les formateurs doivent également avoir une connaissance approfondie des besoins et des objectifs de formation, ainsi que des compétences techniques pour créer des contenus immersifs. Dans ce chapitre, nous explorerons les éléments clés de la conception de formations immersives en VR et AR, en examinant les étapes du processus de conception et les outils et techniques disponibles pour la création de contenus immersifs.

Les étapes de conception d'une formation immersive en VR et AR

La conception de formations immersives en réalité virtuelle (VR) et augmentée (AR) est un processus complexe qui nécessite une planification minutieuse, des compétences techniques et une compréhension approfondie des outils et des technologies disponibles. La conception de formations immersives en VR et AR comprend plusieurs étapes clés, qui doivent être suivies pour créer des formations immersives efficaces et engageantes. Dans ce chapitre, nous examinerons les étapes de conception d'une formation immersive en VR et AR, en décrivant les différents éléments impliqués dans la création de contenus immersifs.

Les étapes de conception d'une formation immersive en VR et AR :

La planification

La première étape de la conception d'une formation immersive en VR et AR est la planification. Cette étape implique de définir les objectifs de formation, de comprendre les besoins des apprenants et de sélectionner les outils et les plateformes appropriés. La planification peut comprendre les étapes suivantes :

<u>Définir les objectifs de formation :</u> Avant de commencer à créer une formation immersive en VR et AR, il est important de définir les objectifs de formation. Les objectifs de formation doivent être spécifiques, mesurables, réalisables, pertinents et temporels (SMART). Ils doivent également être alignés sur les objectifs commerciaux ou éducatifs plus larges.

Comprendre les besoins des apprenants : Une fois que les objectifs de formation ont été définis, il est important de comprendre les besoins des apprenants. Cela peut inclure l'identification des compétences et des connaissances requises pour le travail ou les tâches spécifiques, les styles d'apprentissage préférés des apprenants, les défis et les obstacles auxquels ils peuvent être confrontés, et les attentes des apprenants en matière de formation.

Sélectionner les outils et les plateformes appropriés : Après avoir défini les objectifs de formation et compris les besoins des apprenants, il est temps de sélectionner les outils et les plateformes appropriés pour la création de la formation immersive en VR et AR. Les outils peuvent inclure des logiciels de modélisation 3D, des outils de création de vidéo 360 et des outils de création d'hologrammes. Les plateformes peuvent inclure Oculus for Business, HTC Vive, Microsoft HoloLens et d'autres plateformes VR et AR.

La création de contenu immersif

La création de contenu immersif est une étape clé de la conception d'une formation immersive en VR et AR. Cette étape implique la création de scénarios immersifs qui permettent aux apprenants d'interagir avec des environnements virtuels et augmentés. La création de contenu immersif peut comprendre les étapes suivantes :

Concevoir l'environnement immersif : La première étape de la création de contenu immersif est la conception de l'environnement immersif. Cela peut inclure la modélisation 3D, la création de textures et la définition des comportements de l'environnement.

Créer les objets virtuels : Une fois que l'environnement immersif a été créé, il est temps de créer les objets virtuels qui permettront aux apprenants d'interagir avec l'environnement. Les objets virtuels peuvent inclure des objets animés, des personnages virtuels, des outils et des équipements.

Développer les interactions : Après la création des objets virtuels, il est important de développer les interactions. Les interactions permettent aux apprenants d'explorer l'environnement et les objets virtuels de manière interactive. Les interactions peuvent inclure des mouvements de la tête, des mouvements du corps, des gestes de la main et des interactions avec des objets virtuels.

Programmer les comportements : Enfin, il est temps de programmer les comportements des objets virtuels et de l'environnement. Les comportements peuvent inclure des animations, des sons et des interactions. Les comportements permettent aux apprenants de comprendre comment les objets virtuels et l'environnement fonctionnent ensemble, et comment ils peuvent interagir avec eux.

La mise en œuvre

La mise en œuvre est l'étape où la formation immersive en VR et AR est lancée et où les apprenants commencent à interagir avec les contenus. Cette étape implique de déployer les équipements et les technologies nécessaires et de fournir un soutien technique aux apprenants. La mise en œuvre peut comprendre les étapes suivantes :

Déployer les équipements : Le déploiement des équipements nécessaires pour la formation immersive en VR et AR est crucial. Cela peut inclure le déploiement des casques VR et AR, des ordinateurs et des logiciels nécessaires pour faire fonctionner les environnements immersifs.

Fournir un soutien technique : Fournir un soutien technique aux apprenants est important pour garantir que la formation se déroule sans problème. Le soutien technique peut inclure l'aide pour l'installation des équipements, l'assistance technique pour la résolution de problèmes et la maintenance des équipements.

<u>Suivre la progression des apprenants :</u> Enfin, il est important de suivre la progression des apprenants tout au long de la formation immersive en VR et AR. Cela peut inclure le suivi des performances des apprenants, la collecte de données sur les temps de réponse et les erreurs, et la modification de la formation en fonction des besoins des apprenants.

L'évaluation

L'évaluation est une étape importante de la conception d'une formation immersive en VR et AR. Cette étape implique de mesurer l'efficacité de la formation, de collecter des données sur les performances des apprenants et de déterminer si les objectifs de formation ont été atteints.

L'évaluation peut comprendre les étapes suivantes :

Mesurer l'efficacité de la formation : La première étape de l'évaluation est de mesurer l'efficacité de la formation immersive en VR et AR. Cela peut inclure la collecte de données sur la satisfaction des apprenants, les performances des apprenants, les temps de réponse et les erreurs commises.

Collecter des données sur les performances des apprenants : Après avoir mesuré l'efficacité de la formation, il est important de collecter des données sur les performances des apprenants. Cela peut inclure la collecte de données sur les temps de réponse, les erreurs commises et les performances globales des apprenants.

<u>Déterminer si les objectifs de formation ont été atteints :</u> Enfin, il est important de déterminer si les objectifs de formation ont été atteints. Cela peut inclure une évaluation des performances des apprenants avant et après la formation immersive en VR et AR, ainsi qu'une évaluation des compétences et des connaissances acquises pendant la formation.

Conclusion

La conception d'une formation immersive en VR et AR est un processus complexe qui nécessite une planification minutieuse, des compétences techniques et une compréhension approfondie des outils et des technologies disponibles. Les étapes de conception d'une formation immersive en VR et AR comprennent la planification, la création de contenu immersif, la mise en œuvre et l'évaluation. Chacune de ces étapes est importante pour la création d'une formation immersive efficace et engageante. En comprenant les différentes étapes de conception d'une formation immersive en VR et AR, les formateurs peuvent créer des formations immersives qui aident les apprenants à développer des compétences et des connaissances de manière plus efficace et engageante.

Comment définir les objectifs de formation et choisir les éléments d'apprentissage appropriés pour une expérience immersive ?

La définition des objectifs de formation et la sélection des éléments d'apprentissage appropriés sont des étapes critiques pour la conception d'une expérience immersive en réalité virtuelle (VR) et augmentée (AR). Les objectifs de formation doivent être spécifiques, mesurables, réalisables, pertinents et temporels (SMART), et ils doivent être alignés sur les objectifs commerciaux ou éducatifs plus larges. Les éléments d'apprentissage appropriés sont essentiels pour garantir que les apprenants sont engagés, motivés et capables de développer les compétences et les connaissances nécessaires pour atteindre les objectifs de formation.

Définir les objectifs de formation

La définition des objectifs de formation est la première étape pour la création d'une expérience immersive en VR et AR. Les objectifs de formation doivent être spécifiques, mesurables, réalisables, pertinents et temporels (SMART), et ils doivent être alignés sur les objectifs commerciaux ou éducatifs plus larges.

Les objectifs de formation SMART aident les formateurs à comprendre les résultats attendus de la formation, et à mesurer les performances des apprenants pour déterminer si ces objectifs ont été atteints.

Les étapes pour définir les objectifs de formation incluent :

Comprendre les besoins des apprenants

La première étape pour définir les objectifs de formation est de comprendre les besoins des apprenants. Cela implique de comprendre les compétences et les connaissances requises pour le travail ou les tâches spécifiques, les styles d'apprentissage préférés des apprenants, les défis et les obstacles auxquels ils peuvent être confrontés, et les attentes des apprenants en matière de formation. Les formateurs peuvent utiliser des outils comme les enquêtes, les interviews, les groupes de discussion et les observations pour comprendre les besoins des apprenants.

Aligner les objectifs de formation sur les objectifs commerciaux ou éducatifs plus larges

Une fois que les besoins des apprenants sont compris, les objectifs de formation doivent être alignés sur les objectifs commerciaux ou éducatifs plus larges. Cela permet aux formateurs de créer une expérience immersive en VR et AR qui est pertinente pour les objectifs commerciaux ou éducatifs plus larges de l'organisation. Les objectifs de formation peuvent être alignés sur les objectifs commerciaux ou éducatifs en utilisant des outils comme les cartes de correspondance, les matrices d'objectifs et les diagrammes de flux.

Définir des objectifs de formation SMART

Une fois que les besoins des apprenants sont compris et que les objectifs de formation sont alignés sur les objectifs commerciaux ou éducatifs plus larges, il est temps de définir des objectifs de formation SMART. Les objectifs de formation SMART doivent être spécifiques, mesurables, réalisables, pertinents et temporels.

Les objectifs de formation SMART aident les formateurs à comprendre les résultats attendus de la formation et à mesurer les performances des apprenants pour déterminer si ces objectifs ont été atteints.

Les objectifs de formation SMART peuvent être définis en utilisant les étapes suivantes :

Spécifique : Les objectifs de formation doivent être spécifiques et clairs. Ils doivent décrire ce que les apprenants vont apprendre, comment ils vont l'apprendre et pourquoi ils doivent l'apprendre. Les objectifs de formation spécifiques doivent répondre aux questions suivantes : quoi, comment et pourquoi.

Mesurable : Les objectifs de formation doivent être mesurables. Ils doivent être quantifiables et permettre de mesurer la progression des apprenants. Les objectifs de formation mesurables doivent répondre aux questions suivantes : combien, comment, avec quel outil.

Réalisable : Les objectifs de formation doivent être réalisables. Ils doivent être adaptés aux besoins et aux capacités des apprenants. Les objectifs de formation réalisables doivent être réalisables par les apprenants, répondre à leurs besoins et être réalisables dans le temps imparti.

Pertinent : Les objectifs de formation doivent être pertinents. Ils doivent être alignés sur les objectifs commerciaux ou éducatifs plus larges et les besoins des apprenants. Les objectifs de formation pertinents doivent être alignés sur les objectifs commerciaux ou éducatifs plus larges et répondre aux besoins des apprenants.

Temporel : Les objectifs de formation doivent être temporels. Ils doivent être réalisables dans un certain délai. Les objectifs de formation temporels doivent être réalisables dans un délai défini et répondre aux besoins des apprenants.

Choisir les éléments d'apprentissage appropriés

Une fois que les objectifs de formation ont été définis, il est temps de choisir les éléments d'apprentissage appropriés pour créer une expérience immersive en VR et AR. Les éléments d'apprentissage doivent être sélectionnés en fonction des objectifs de formation, des besoins des apprenants et des capacités techniques.

Les étapes pour choisir les éléments d'apprentissage appropriés incluent :

Sélectionner le type de contenu immersif

Le premier élément à considérer lors du choix des éléments d'apprentissage appropriés est le type de contenu immersif. Les types de contenu immersif comprennent la modélisation 3D, la vidéo 360, les hologrammes, les jeux sérieux, etc. Chaque type de contenu immersif a des avantages et des inconvénients, et doit être sélectionné en fonction des objectifs de formation et des besoins des apprenants.

Définir les interactions

Une fois que le type de contenu immersif a été sélectionné, il est temps de définir les interactions. Les interactions permettent aux apprenants d'explorer l'environnement et les objets virtuels de manière interactive. Les interactions peuvent inclure des mouvements de la tête, des mouvements du corps, des gestes de la main et des interactions avec des objets virtuels. Les interactions doivent être sélectionnées en fonction des objectifs de formation et des besoins des apprenants, ainsi que des capacités techniques.

Programmer les comportements

Une fois que les interactions ont été définies, il est temps de programmer les comportements des objets virtuels et de l'environnement. Les comportements peuvent inclure des animations, des sons et des interactions. Les comportements permettent aux apprenants de comprendre comment les objets virtuels et l'environnement fonctionnent ensemble, et comment ils peuvent interagir avec eux. Les comportements doivent être programmés en fonction des objectifs de formation, des besoins des apprenants et des capacités techniques.

Sélectionner les éléments multimédias

En plus du contenu immersif, les éléments multimédias tels que les images, les vidéos, les textes et les sons peuvent être utilisés pour renforcer les apprentissages. Les éléments multimédias doivent être sélectionnés en fonction des objectifs de formation et des besoins des apprenants.

Choisir la plateforme appropriée

Enfin, il est important de choisir la plateforme appropriée pour la formation immersive en VR et AR. Les plateformes peuvent inclure des casques VR et AR, des ordinateurs et des logiciels nécessaires pour faire fonctionner les environnements immersifs. Les plateformes doivent être sélectionnées en fonction des objectifs de formation, des besoins des apprenants et des capacités techniques.

Conclusion

La définition des objectifs de formation et la sélection des éléments d'apprentissage appropriés sont des étapes critiques pour la conception d'une expérience immersive en VR et AR. Les objectifs de formation doivent être spécifiques, mesurables, réalisables, pertinents et temporels (SMART), et ils doivent être alignés sur les objectifs commerciaux ou éducatifs plus larges. Les éléments d'apprentissage appropriés sont essentiels pour garantir que les apprenants sont engagés, motivés et capables de développer les compétences et les connaissances nécessaires pour atteindre les objectifs de formation. Les éléments d'apprentissage doivent être sélectionnés en fonction des objectifs de formation, des besoins des apprenants et des capacités techniques.

En comprenant les différentes étapes pour définir les objectifs de formation et choisir les éléments d'apprentissage appropriés, les formateurs peuvent créer des expériences immersives en VR et AR qui aident les apprenants à développer des compétences et des connaissances de manière plus efficace et engageante.

Les bonnes pratiques pour la conception de formations immersives

La conception de formations immersives en réalité virtuelle (VR) et augmentée (AR) peut être un processus complexe qui nécessite une planification minutieuse, une compréhension approfondie des outils et des technologies disponibles, ainsi que des compétences techniques et pédagogiques. Les bonnes pratiques pour la conception de formations immersives en VR et AR peuvent aider les formateurs à créer des expériences immersives efficaces et engageantes qui aident les apprenants à développer des compétences et des connaissances de manière plus efficace.

Comprendre les besoins des apprenants

La première étape pour la conception de formations immersives en VR et AR est de comprendre les besoins des apprenants. Cela implique de comprendre les compétences et les connaissances requises pour le travail ou les tâches spécifiques, les styles d'apprentissage préférés des apprenants, les défis et les obstacles auxquels ils peuvent être confrontés, et les attentes des apprenants en matière de formation. Les formateurs peuvent utiliser des outils tels que des enquêtes, des interviews, des groupes de discussion et des observations pour comprendre les besoins des apprenants.

Utiliser différents types de contenu immersif

Les formations immersives en VR et AR peuvent utiliser différents types de contenu immersif tels que la modélisation 3D, la vidéo 360, les hologrammes et les jeux sérieux. Chaque type de contenu immersif a ses avantages et ses inconvénients, et doit être sélectionné en fonction des objectifs de formation et des besoins des apprenants.

La modélisation 3D peut être utilisée pour créer des environnements virtuels réalistes qui permettent aux apprenants d'interagir avec des objets virtuels et de développer des compétences pratiques. La vidéo 360 peut être utilisée pour créer des environnements immersifs qui permettent aux apprenants de découvrir des lieux réels ou imaginaires, de comprendre des concepts abstraits et de visualiser des processus complexes.

Les hologrammes peuvent être utilisés pour créer des objets virtuels qui peuvent être manipulés dans l'espace réel, permettant aux apprenants de développer des compétences pratiques et de comprendre les processus de fabrication et les structures.

Les jeux sérieux peuvent être utilisés pour créer des environnements immersifs qui permettent aux apprenants de résoudre des problèmes complexes, de développer des compétences de communication et de travail d'équipe, et de comprendre les conséquences de leurs actions.

Planifier l'expérience immersive

Une fois que les besoins des apprenants sont compris et que le type de contenu immersif est sélectionné, il est temps de planifier l'expérience immersive. La planification de l'expérience immersive comprend la sélection des interactions, la programmation des comportements et la sélection des éléments multimédias tels que les images, les vidéos, les textes et les sons pour renforcer les apprentissages. Les interactions permettent aux apprenants d'explorer l'environnement et les objets virtuels de manière interactive, tandis que la programmation des comportements des objets virtuels et de l'environnement permet aux apprenants de comprendre comment ils fonctionnent ensemble et comment ils peuvent interagir avec eux. Les éléments multimédias tels que les images, les vidéos, les textes et les sons peuvent être utilisés pour renforcer les apprentissages et aider les apprenants à comprendre les concepts abstraits.

L'évaluation des performances des apprenants

L'évaluation des performances des apprenants est une étape importante dans la conception de formations immersives en VR et AR. Elle permet de mesurer les résultats de l'apprentissage, de déterminer si les objectifs de formation ont été atteints et de fournir des commentaires aux apprenants. Les formateurs peuvent utiliser différents types d'évaluation des performances des apprenants tels que les questionnaires, les tests de connaissances, les simulations et les jeux sérieux. Les résultats de l'évaluation des performances des apprenants peuvent être utilisés pour améliorer la formation et les expériences immersives futures.

Conclusion

La conception de formations immersives en VR et AR est un processus complexe qui nécessite une planification minutieuse, une compréhension approfondie des outils et des technologies disponibles, ainsi que des compétences techniques et pédagogiques. Les bonnes pratiques pour la conception de formations immersives comprennent la compréhension des besoins des apprenants, l'utilisation de différents types de contenu immersif, la planification de l'expérience immersive et l'évaluation des performances des apprenants. En comprenant ces bonnes pratiques, les formateurs peuvent créer des expériences immersives efficaces et engageantes qui aident les apprenants à développer des compétences et des connaissances de manière plus efficace.

Chapitre 3 :

Développement de formations immersives en VR et AR

Le développement de formations immersives en réalité virtuelle (VR) et augmentée (AR) est une étape critique dans la création d'une expérience immersive de formation. Cette étape implique la création du contenu immersif en utilisant des outils de développement tels que des logiciels de modélisation 3D, des éditeurs de vidéo 360 et des environnements de développement de jeux. Le développement de formations immersives en VR et AR nécessite une compréhension approfondie des capacités techniques et des outils disponibles, ainsi que des compétences techniques et pédagogiques.

Dans ce chapitre, nous explorerons les différentes étapes impliquées dans le développement de formations immersives en VR et AR. Nous mettrons l'accent sur les compétences et les outils nécessaires pour le développement de contenu immersif, la création d'animations et la programmation de comportements, ainsi que la mise en œuvre des interactions et des éléments multimédias. Nous discuterons également des bonnes pratiques pour le développement de formations immersives en VR et AR.

Les outils et logiciels nécessaires pour le développement de formations immersives

Le développement de formations immersives en réalité virtuelle (VR) et augmentée (AR) nécessite l'utilisation d'outils et de logiciels spécifiques pour la création de contenu immersif, la création d'animations et la programmation de comportements. Nous allons explorer les différents outils et logiciels nécessaires pour le développement de formations immersives en VR et AR. Nous mettrons l'accent sur les outils de modélisation 3D, les éditeurs de vidéo 360, les environnements de développement de jeux et les plateformes de programmation.

Outils de modélisation 3D

Les outils de modélisation 3D sont utilisés pour créer des objets virtuels et des environnements en 3D pour les formations immersives en VR et AR.

Les outils de modélisation 3D les plus couramment utilisés incluent Blender, SketchUp et 3DS Max. Blender est un logiciel de modélisation 3D open-source gratuit qui offre une grande variété de fonctionnalités pour la création d'objets virtuels et d'environnements. SketchUp est un logiciel de modélisation 3D facile à utiliser pour la création d'objets virtuels simples et d'environnements. 3DS Max est un logiciel de modélisation 3D professionnel qui offre des fonctionnalités avancées pour la création d'objets virtuels et d'environnements complexes.

Les outils de modélisation 3D sont essentiels pour la création d'objets virtuels et d'environnements réalistes pour les formations immersives en VR et AR. Ils permettent aux formateurs de créer des objets virtuels qui peuvent être manipulés dans l'espace virtuel et de créer des environnements réalistes qui permettent aux apprenants de développer des compétences pratiques.

Éditeurs de vidéo 360

Les éditeurs de vidéo 360 sont utilisés pour la création de vidéos 360 pour les formations immersives en VR et AR. Les vidéos 360 permettent aux apprenants de découvrir des lieux réels ou imaginaires et de comprendre des concepts abstraits. Les éditeurs de vidéo 360 les plus couramment utilisés incluent Adobe Premiere Pro et Final Cut Pro X. Adobe Premiere Pro est un logiciel professionnel d'édition vidéo qui permet la création de vidéos 360 et offre des fonctionnalités avancées telles que la stabilisation de la caméra et la correction des couleurs. Final Cut Pro X est un autre logiciel professionnel d'édition vidéo qui offre des fonctionnalités avancées pour la création de vidéos 360.

Les éditeurs de vidéo 360 sont essentiels pour la création de vidéos immersives pour les formations en VR et AR. Ils permettent aux formateurs de créer des vidéos immersives qui permettent aux apprenants de découvrir des lieux réels ou imaginaires et de comprendre des concepts abstraits.

Environnements de développement de jeux

Les environnements de développement de jeux sont utilisés pour la création de jeux sérieux pour les formations immersives en VR et AR. Les jeux sérieux permettent aux apprenants de résoudre des problèmes complexes, de développer des compétences de communication et de travail d'équipe et de comprendre les conséquences de leurs actions. Les environnements de développement de jeux les plus couramment utilisés incluent Unity et Unreal Engine. Unity est un environnement de développement de jeux populaire qui permet de créer des jeux pour les plateformes VR et AR ainsi que pour les smartphones et les ordinateurs de bureau. Il offre des fonctionnalités avancées pour la création de jeux sérieux, telles que la programmation de comportements, la création d'animations et la mise en œuvre des interactions.

Unreal Engine est un autre environnement de développement de jeux populaire qui permet de créer des jeux pour les plateformes VR et AR ainsi que pour les smartphones et les ordinateurs de bureau. Il offre des fonctionnalités avancées pour la création de jeux sérieux, telles que la création d'environnements immersifs, la création de scénarios et la programmation de comportements.

Les environnements de développement de jeux sont essentiels pour la création de jeux sérieux pour les formations immersives en VR et AR. Ils permettent aux formateurs de créer des jeux sérieux qui permettent aux apprenants de résoudre des problèmes complexes, de développer des compétences de communication et de travail d'équipe et de comprendre les conséquences de leurs actions.

Plateformes de programmation

Les plateformes de programmation sont utilisées pour programmer des comportements pour les objets virtuels et les environnements dans les formations immersives en VR et AR. Les plateformes de programmation les plus couramment utilisées incluent C#, JavaScript et Python. C# est un langage de programmation populaire qui est utilisé pour la programmation de comportements pour les objets virtuels et les environnements dans les formations immersives en VR et AR. JavaScript est un autre langage de programmation populaire qui est utilisé pour la création d'interactions pour les formations immersives en VR et AR. Python est un langage de programmation qui peut être utilisé pour la création de comportements pour les objets virtuels et les environnements dans les formations immersives en VR et AR.

Les plateformes de programmation sont essentielles pour la programmation de comportements pour les objets virtuels et les environnements dans les formations immersives en VR et AR. Ils permettent aux formateurs de créer des comportements réalistes pour les objets virtuels et les environnements qui permettent aux apprenants de développer des compétences pratiques.

Conclusion

Le développement de formations immersives en VR et AR nécessite l'utilisation d'outils et de logiciels spécifiques pour la création de contenu immersif, la création d'animations et la programmation de comportements. Les outils de modélisation 3D, les éditeurs de vidéo 360, les environnements de développement de jeux et les plateformes de programmation sont essentiels pour la création d'expériences immersives de formation engageantes et efficaces. En comprenant les différents outils et logiciels nécessaires pour le développement de formations immersives en VR et AR, les formateurs peuvent créer des expériences immersives de formation qui aident les apprenants à développer des compétences et des connaissances de manière plus efficace et engageante.

Comment créer des environnements immersifs en VR et AR

La création d'environnements immersifs en réalité virtuelle (VR) et augmentée (AR) est une étape clé dans la création de formations immersives en VR et AR. Les environnements immersifs permettent aux apprenants de découvrir des lieux réels ou imaginaires et de développer des compétences pratiques. Dans ce chapitre, nous explorerons les différentes étapes impliquées dans la création d'environnements immersifs en VR et AR. Nous mettrons l'accent sur les compétences et les outils nécessaires pour la création d'environnements immersifs, la modélisation 3D et la création d'animations.

Création d'environnements immersifs

La création d'environnements immersifs nécessite une compréhension approfondie des besoins des apprenants et des objectifs de formation. Les formateurs doivent comprendre les attentes des apprenants et les objectifs de formation pour créer des environnements immersifs qui répondent à leurs besoins.

Les environnements immersifs doivent être créés en fonction des objectifs de formation et des besoins des apprenants. Les environnements immersifs peuvent être créés en utilisant des outils de modélisation 3D tels que Blender, SketchUp et 3DS Max. Les formateurs peuvent également utiliser des éditeurs de vidéo 360 tels que Adobe Première Pro et Final Cut Pro X pour créer des environnements immersifs à partir de vidéos 360.

Modélisation 3D

La modélisation 3D est essentielle pour la création d'environnements immersifs en VR et AR. Les outils de modélisation 3D les plus couramment utilisés incluent Blender, SketchUp et 3DS Max. Blender est un logiciel de modélisation 3D open-source gratuit qui offre une grande variété de fonctionnalités pour la création d'objets virtuels et d'environnements. SketchUp est un logiciel de modélisation 3D facile à utiliser pour la création d'objets virtuels simples et d'environnements. 3DS Max est un logiciel de modélisation 3D professionnel qui offre des fonctionnalités avancées pour la création d'objets virtuels et d'environnements complexes.

La modélisation 3D est essentielle pour la création d'environnements immersifs en VR et AR. Elle permet aux formateurs de créer des environnements immersifs réalistes qui permettent aux apprenants de développer des compétences pratiques.

Création d'animations

La création d'animations est une étape importante dans la création d'environnements immersifs en VR et AR. Les animations permettent aux objets virtuels et aux environnements de se déplacer et d'interagir avec les apprenants. Les animations peuvent être créées en utilisant des outils de modélisation 3D tels que Blender, SketchUp et 3DS Max. Les formateurs peuvent également utiliser des éditeurs de vidéo 360 tels que Adobe Première Pro et Final Cut Pro X pour créer des animations à partir de vidéos 360.

La création d'animations est essentielle pour la création d'environnements immersifs en VR et AR. Elle permet aux formateurs de créer des environnements immersifs dynamiques qui permettent aux apprenants de développer des compétences pratiques Intégration des éléments interactifs

Les éléments interactifs sont des objets virtuels qui permettent aux apprenants d'interagir avec les environnements immersifs. Les éléments interactifs peuvent être des objets virtuels qui peuvent être déplacés, tournés ou manipulés. Ils peuvent également être des éléments interactifs qui permettent aux apprenants de cliquer sur des boutons ou de répondre à des questions. Les éléments interactifs peuvent être intégrés en utilisant des plateformes de programmation telles que C#, JavaScript et Python.

L'intégration d'éléments interactifs est essentielle pour la création d'environnements immersifs en

VR et AR. Elle permet aux formateurs de créer des environnements immersifs interactifs qui permettent aux apprenants de développer des compétences pratiques.

Optimisation de la performance

L'optimisation de la performance est importante pour garantir que les environnements immersifs fonctionnent correctement. Les environnements immersifs peuvent être lourds et nécessiter des capacités matérielles élevées pour fonctionner correctement. Les formateurs doivent optimiser la performance de leurs environnements immersifs pour garantir que les apprenants ont une expérience immersive fluide.

L'optimisation de la performance peut être réalisée en utilisant des outils de modélisation 3D tels que Blender, SketchUp et 3DS Max pour réduire le nombre de polygones dans les objets virtuels. Les éditeurs de vidéo 360 tels qu'Adobe Première Pro et Final Cut Pro X peuvent également être utilisés pour réduire la résolution vidéo et optimiser la performance.

Conclusion

La création d'environnements immersifs en VR et AR est une étape clé dans la création de formations immersives engageantes et efficaces. Les environnements immersifs doivent être créés en fonction des objectifs de formation et des besoins des apprenants. La modélisation 3D, la création d'animations, l'intégration d'éléments interactifs et l'optimisation de la performance sont des étapes essentielles pour la création d'environnements immersifs en VR et AR. Les formateurs doivent avoir une compréhension approfondie des compétences et des outils nécessaires pour créer des environnements immersifs de haute qualité pour garantir que les apprenants ont une expérience immersive fluide et efficace.

Les techniques de développement de contenu immersif en VR et AR

Les techniques de développement de contenu immersif en réalité virtuelle (VR) et augmentée (AR) sont essentielles pour créer des expériences de formation engageantes et efficaces. Les formateurs doivent comprendre les compétences et les outils nécessaires pour créer des environnements immersifs, des objets virtuels et des interactions pour les apprenants. Nous allons explorer les différentes techniques de développement de contenu immersif en VR et AR, y compris la capture vidéo 360, la modélisation 3D, la création d'animations et l'intégration d'éléments interactifs.

Capture vidéo 360

La capture vidéo 360 est une technique qui permet de capturer des vidéos à 360 degrés pour créer des environnements immersifs. Les vidéos 360 sont enregistrées à l'aide de caméras à 360 degrés qui enregistrent simultanément dans toutes les directions. Les vidéos 360 sont utilisées pour créer des environnements immersifs en VR et AR qui permettent aux apprenants de se déplacer librement dans l'environnement.

La capture vidéo 360 est une technique de développement de contenu immersif en VR et AR qui permet aux formateurs de créer des environnements immersifs réalistes pour les apprenants. Les vidéos 360 peuvent être créées en utilisant des caméras 360 telles que la Samsung Gear 360, la Kodak PixPro SP360 et la Ricoh Theta.

Modélisation 3D

La modélisation 3D est une technique de développement de contenu immersif en VR et AR qui permet aux formateurs de créer des objets virtuels et des environnements en trois dimensions. Les outils de modélisation 3D tels que Blender, SketchUp et 3DS Max sont utilisés pour créer des objets virtuels et des environnements réalistes. Les objets virtuels et les environnements créés en modélisation 3D peuvent être utilisés pour créer des expériences de formation immersives en VR et AR.

La modélisation 3D est essentielle pour la création de contenu immersif en VR et AR. Elle permet aux formateurs de créer des environnements immersifs réalistes pour les apprenants. Les outils de modélisation 3D sont relativement faciles à utiliser et sont disponibles en ligne gratuitement ou à un coût abordable.

Création d'animations

La création d'animations est une technique de développement de contenu immersif en VR et AR qui permet aux formateurs de créer des animations pour les objets virtuels et les environnements. Les animations permettent aux objets virtuels et aux environnements de se déplacer et d'interagir avec les apprenants. Les animations peuvent être créées en utilisant des outils de modélisation 3D tels que Blender, SketchUp et 3DS Max. Les éditeurs de vidéo 360 tels qu'Adobe Premiere Pro et Final Cut Pro X peuvent également être utilisés pour créer des animations à partir de vidéos 360.

La création d'animations est essentielle pour la création de contenu immersif en VR et AR. Elle permet aux formateurs de créer des environnements immersifs dynamiques qui permettent aux apprenants de développer des compétences pratiques.

Intégration d'éléments interactifs

L'intégration d'éléments interactifs est une technique de développement de contenu immersif en VR et AR qui permet aux formateurs de créer des expériences de formation interactives pour les apprenants. Les éléments interactifs peuvent être des objets virtuels qui peuvent être déplacés, tournés ou manipulés. Ils peuvent également être des éléments interactifs qui permettent aux apprenants de cliquer sur des boutons ou de répondre à des questions. Les éléments interactifs peuvent être intégrés en utilisant des plateformes de programmation telles que C#, JavaScript et Python.

L'intégration d'éléments interactifs est essentielle pour la création de contenu immersif en VR et AR. Elle permet aux formateurs de créer des expériences de formation immersives interactives qui permettent aux apprenants de développer des compétences pratiques.

Utilisation de l'apprentissage basé sur les jeux

L'utilisation de l'apprentissage basé sur les jeux est une technique de développement de contenu immersif en VR et AR qui permet aux formateurs de créer des expériences de formation engageantes et ludiques pour les apprenants. L'apprentissage basé sur les jeux utilise des éléments de jeu tels que des récompenses, des défis et des objectifs pour encourager les apprenants à participer activement à l'apprentissage. Les formateurs peuvent utiliser des outils de développement de jeux tels que Unity et Unreal Engine pour créer des jeux éducatifs immersifs en VR et AR.

L'utilisation de l'apprentissage basé sur les jeux est de plus en plus populaire dans les formations immersives en VR et AR car elle permet de rendre l'apprentissage plus engageant et stimulant pour les apprenants.

Utilisation de la réalité augmentée

L'utilisation de la réalité augmentée est une technique de développement de contenu immersif en AR qui permet aux formateurs de créer des expériences de formation qui intègrent des éléments virtuels dans le monde réel des apprenants. Les éléments virtuels peuvent être des objets, des images ou des informations qui sont superposés sur le monde réel à travers l'utilisation de caméras et de logiciels AR. Les apprenants peuvent interagir avec les éléments virtuels en utilisant des smartphones, des tablettes ou des lunettes AR.

L'utilisation de la réalité augmentée est de plus en plus populaire dans les formations immersives car elle permet de créer des expériences de formation qui sont intégrées dans le monde réel des apprenants. Elle permet également de créer des expériences de formation mobiles et accessibles à un large public.

Conclusion

Les techniques de développement de contenu immersif en VR et AR sont essentielles pour créer des expériences de formation engageantes et efficaces. La capture vidéo 360, la modélisation 3D, la création d'animations, l'intégration d'éléments interactifs, l'utilisation de l'apprentissage basé sur les jeux et l'utilisation de la réalité augmentée sont autant de techniques qui permettent aux formateurs de créer des expériences de formation immersives innovantes et adaptées aux besoins des apprenants. Les formateurs doivent comprendre les compétences et les outils nécessaires pour utiliser ces techniques et créer des expériences de formation immersives de haute qualité pour garantir que les apprenants ont une expérience immersive fluide et efficace.

Chapitre 4 :

Mise en œuvre de formations immersives en VR et AR

La mise en œuvre de formations immersives en réalité virtuelle (VR) et augmentée (AR) est un processus crucial pour garantir que les apprenants ont une expérience immersive fluide et efficace. Les formateurs doivent comprendre les compétences et les outils nécessaires pour mettre en œuvre des formations immersives en VR et AR, y compris le matériel et les logiciels nécessaires, les méthodes de déploiement et les mesures de sécurité.

Dans ce chapitre, nous allons explorer les différentes étapes de mise en œuvre de formations immersives en VR et AR, y compris le choix du matériel et des logiciels appropriés, la planification de la mise en œuvre, la mise en place des environnements de formation immersifs et la mise en place des mesures de sécurité pour garantir une expérience immersive fluide et sécurisée pour les apprenants.

Les outils et logiciels nécessaires pour le développement de formations immersives

Le développement de formations immersives en réalité virtuelle (VR) et augmentée (AR) nécessite l'utilisation d'outils et de logiciels spécialisés pour créer des environnements immersifs, des objets virtuels et des animations. Nous allons examiner les différents outils et logiciels nécessaires pour le développement de formations immersives en VR et AR.

Outils de capture vidéo 360

Les outils de capture vidéo 360 permettent aux formateurs de créer des environnements immersifs réalistes en utilisant des caméras à 360 degrés. Ces outils permettent de créer des vidéos à 360 degrés qui permettent aux apprenants de se déplacer et de regarder autour d'eux pour une expérience immersive. Certains des outils populaires de capture vidéo 360 sont Insta360, GoPro Fusion et Ricoh Theta.

Outils de modélisation 3D

Les outils de modélisation 3D permettent aux formateurs de créer des objets virtuels et des environnements en trois dimensions. Ils permettent aux formateurs de créer des modèles en 3D à partir de zéro ou d'importer des modèles existants. Certains des outils populaires de modélisation 3D sont Blender, Maya et SketchUp.

Outils de création d'animations

Les outils de création d'animations permettent aux formateurs de créer des animations pour les objets virtuels et les environnements immersifs.

Ces outils permettent aux formateurs de créer des animations en utilisant des techniques telles que l'animation de squelettes, la morphing et la simulation physique. Certains des outils populaires de création d'animations sont Maya, 3ds Max et Houdini.

Plateformes de programmation

Les plateformes de programmation permettent aux formateurs de créer des éléments interactifs pour les environnements immersifs en utilisant des langages de programmation tels que C#, JavaScript et Python. Les éléments interactifs peuvent être des objets virtuels qui peuvent être déplacés, tournés ou manipulés, ou des éléments interactifs qui permettent aux apprenants de cliquer sur des boutons ou de répondre à des questions. Certains des outils populaires de plateformes de programmation sont Unity et Unreal Engine.

Outils de création de contenu immersif

Les outils de création de contenu immersif permettent aux formateurs de créer des expériences immersives complètes pour les apprenants en utilisant des techniques telles que la capture vidéo 360, la modélisation 3D, la création d'animations et l'intégration d'éléments interactifs. Ces outils permettent aux formateurs de créer des environnements immersifs interactifs qui permettent aux apprenants de développer des compétences pratiques. Certains des outils populaires de création de contenu immersif sont Unity, Unreal Engine et Vuforia.

Logiciels de réalité virtuelle

Les logiciels de réalité virtuelle permettent aux formateurs de créer des environnements immersifs en VR qui peuvent être expérimentés à l'aide de casques VR. Ces logiciels permettent aux formateurs de créer des expériences immersives en utilisant des techniques telles que la capture vidéo 360, la modélisation 3D, la création d'animations et l'intégration d'éléments interactifs

Les logiciels de réalité virtuelle sont disponibles pour différents casques VR, tels que l'Oculus Rift, le HTC Vive et le PlayStation VR. Certains des logiciels populaires de réalité virtuelle sont Unity, Unreal Engine et SteamVR.

Logiciels de réalité augmentée

Les logiciels de réalité augmentée permettent aux formateurs de créer des environnements immersifs en AR qui peuvent être expérimentés à l'aide de smartphones, de tablettes ou de lunettes AR. Ces logiciels permettent aux formateurs de créer des expériences de formation intégrées dans le monde réel des apprenants. Les logiciels de réalité augmentée les plus populaires sont Vuforia, ARToolKit et ARCore.

Logiciels de développement de contenu immersif basés sur le cloud

Les logiciels de développement de contenu immersif basés sur le cloud permettent aux formateurs de créer des environnements immersifs à l'aide de plates-formes de développement en ligne. Ces logiciels permettent aux formateurs de créer des environnements immersifs sans avoir besoin d'un matériel informatique puissant ou de logiciels coûteux. Certains des logiciels populaires de développement de contenu immersif basés sur le cloud sont CoSpaces et Sketchfab.

Plateformes de développement d'applications VR et AR

Les plateformes de développement d'applications VR et AR permettent aux formateurs de créer des applications VR et AR personnalisées pour les apprenants. Ces applications peuvent être utilisées pour des formations en réalité virtuelle ou augmentée. Les plateformes de développement d'applications VR et AR les plus populaires sont Unity, Unreal Engine et Vuforia.

En conclusion

Les outils et logiciels nécessaires pour le développement de formations immersives en VR et AR sont essentiels pour garantir une expérience immersive fluide et efficace pour les apprenants. Les formateurs doivent comprendre les compétences et les outils nécessaires pour utiliser ces outils et logiciels, ainsi que les avantages et les limitations de chaque outil. En utilisant ces outils et logiciels, les formateurs peuvent créer des expériences de formation immersives innovantes et adaptées aux besoins des apprenants, offrant ainsi une expérience immersive fluide et efficace pour une meilleure acquisition de compétences et de connaissances.

Comment créer des environnements immersifs en VR et AR

La création d'environnements immersifs en réalité virtuelle (VR) et augmentée (AR) est essentielle pour offrir une expérience immersive efficace aux apprenants. La création d'environnements immersifs en VR et AR peut être réalisée en utilisant différentes techniques telles que la capture vidéo 360, la modélisation 3D, la création d'animations et l'intégration d'éléments interactifs. Nous allons examiner les différentes techniques pour créer des environnements immersifs en VR et AR.

Capture vidéo 360

La capture vidéo 360 est une technique qui permet de capturer des environnements en utilisant des caméras à 360 degrés. Les formateurs peuvent utiliser des caméras à 360 degrés pour capturer des images panoramiques de différents environnements, tels que des lieux de travail, des usines ou des laboratoires. La vidéo à 360 degrés peut ensuite être intégrée à une application VR ou AR pour permettre aux apprenants de se déplacer et d'explorer les environnements immersifs.

Modélisation 3D

La modélisation 3D est une technique qui permet de créer des objets virtuels et des environnements en trois dimensions. Les formateurs peuvent utiliser des outils de modélisation 3D pour créer des environnements immersifs à partir de zéro ou en utilisant des modèles pré-conçus. Les outils de modélisation 3D permettent aux formateurs de créer des environnements immersifs détaillés et réalistes pour une expérience immersive efficace.

Création d'animations

La création d'animations est une technique qui permet de créer des animations pour les objets virtuels et les environnements immersifs. Les formateurs peuvent utiliser des outils de création d'animations pour créer des animations pour les objets virtuels, tels que des machines ou des équipements. Les outils de création d'animations permettent également de créer des animations pour les personnages, les environnements et les éléments interactifs des environnements immersifs.

Intégration d'éléments interactifs

L'intégration d'éléments interactifs est une technique qui permet aux apprenants d'interagir avec les environnements immersifs. Les éléments interactifs peuvent être des objets virtuels qui peuvent être déplacés, tournés ou manipulés, ou des éléments interactifs qui permettent aux apprenants de cliquer sur des boutons ou de répondre à des questions. Les formateurs peuvent intégrer des éléments interactifs dans les environnements immersifs en utilisant des techniques telles que la programmation de jeux et la réalité augmentée.

Techniques de programmation

Les techniques de programmation sont essentielles pour créer des environnements immersifs en VR et AR. Les formateurs peuvent utiliser des langages de programmation tels que C#, JavaScript et Python pour créer des éléments interactifs pour les environnements immersifs.

Les éléments interactifs peuvent être des objets virtuels qui peuvent être déplacés, tournés ou manipulés, ou des éléments interactifs qui permettent aux apprenants de cliquer sur des boutons ou de répondre à des questions.

En conclusion

La création d'environnements immersifs en VR et AR est essentielle pour offrir une expérience immersive efficace aux apprenants. Les différentes techniques pour créer des environnements immersifs en VR et AR comprennent la capture vidéo 360, la modélisation 3D, la création d'animations, l'intégration d'éléments interactifs et les techniques de programmation. Les formateurs doivent choisir la technique qui convient le mieux à leur objectif de formation et aux besoins des apprenants.

Il est important pour les formateurs de comprendre les compétences et les outils nécessaires pour utiliser ces techniques. La capture vidéo 360 nécessite une caméra à 360 degrés et une connaissance de base de l'édition vidéo. La modélisation 3D nécessite des compétences en conception 3D et l'utilisation d'outils de modélisation 3D tels que Blender, Maya et SketchUp. La création d'animations nécessite des compétences en animation et l'utilisation d'outils de création d'animations tels que Maya, 3ds Max et Houdini. L'intégration d'éléments interactifs nécessite des compétences en programmation et l'utilisation de plateformes de programmation telles que Unity et Unreal Engine.

Les formateurs doivent également considérer les limitations et les avantages de chaque technique pour créer des environnements immersifs en VR et AR. La capture vidéo 360 peut offrir une expérience immersive réaliste mais est limitée en termes d'interactivité. La modélisation 3D peut offrir des environnements immersifs détaillés mais nécessite un temps de création plus long. La création d'animations peut offrir des animations réalistes mais nécessite également un temps de création plus long. L'intégration d'éléments interactifs peut offrir une expérience immersive interactive mais nécessite des compétences en programmation.

Enfin, il est important pour les formateurs de choisir la technique appropriée en fonction de leur objectif de formation et des besoins des apprenants. Une technique ne convient pas à toutes les situations de formation, et les formateurs doivent considérer les avantages et les limitations de chaque technique pour créer des environnements immersifs efficaces en VR et AR.

Les techniques de développement de contenu immersif en VR et AR

Les techniques de développement de contenu immersif en réalité virtuelle (VR) et augmentée (AR) permettent aux formateurs de créer des environnements immersifs pour les apprenants. Les techniques de développement de contenu immersif comprennent la création de textures, d'éclairages, de sons, de mouvements et de modèles pour les environnements virtuels. Nous allons examiner les différentes techniques de développement de contenu immersif en VR et AR.

Textures

Les textures sont des images qui sont appliquées sur les objets 3D pour créer des surfaces plus réalistes et détaillées. Les formateurs peuvent utiliser des images de textures pour créer des surfaces telles que la peau, les murs et les sols.

Les textures peuvent être créées en utilisant des logiciels de création graphique tels que Photoshop et GIMP. Les textures peuvent également être trouvées en ligne sur des sites de textures gratuites ou payantes.

Éclairages

Les éclairages sont utilisés pour créer des effets d'ombres et de lumière dans les environnements immersifs en VR et AR. Les formateurs peuvent utiliser des sources lumineuses pour créer des ombres et des reflets dans les environnements virtuels. Les sources lumineuses peuvent être créées en utilisant des outils de modélisation 3D tels que Blender, Maya et 3ds Max. Les éclairages peuvent également être ajustés en utilisant des réglages de lumière tels que la couleur, l'intensité et la direction.

Sons

Les sons sont utilisés pour créer une expérience sonore immersive dans les environnements virtuels. Les formateurs peuvent utiliser des effets sonores pour simuler des sons tels que les bruits d'une machine, les cris d'un animal ou les sons de la nature. Les sons peuvent être créés en utilisant des logiciels d'enregistrement sonore tels que Audacity et Adobe Audition. Les sons peuvent également être trouvés en ligne sur des sites de sons gratuits ou payants.

Mouvements

Les mouvements sont utilisés pour créer une expérience de mouvement immersive dans les environnements virtuels. Les formateurs peuvent utiliser des animations pour créer des mouvements pour les personnages, les machines et les équipements dans les environnements immersifs. Les animations peuvent être créées en utilisant des outils de création d'animations tels que Maya, 3ds Max et Houdini. Les mouvements peuvent également être ajustés en utilisant des réglages d'animation tels que la vitesse, le temps et le mouvement.

Modèles

Les modèles sont utilisés pour créer des objets virtuels dans les environnements immersifs en VR et AR. Les formateurs peuvent utiliser des modèles préconçus ou créer des modèles à partir de zéro en utilisant des outils de modélisation 3D tels que Blender, Maya et SketchUp. Les modèles peuvent être des objets simples tels que des meubles et des outils, ou des objets plus complexes tels que des machines et des équipements.

En conclusion

Les techniques de développement de contenu immersif en VR et AR permettent aux formateurs de créer des environnements immersifs pour les apprenants. Les différentes techniques comprennent la création de textures, d'éclairages, de sons, de mouvements et de modèles pour les environnements virtuels. Les formateurs doivent comprendre les compétences et les outils nécessaires pour utiliser ces techniques. Les textures peuvent être créées en utilisant des logiciels de création graphique tels que Photoshop et GIMP. Les éclairages peuvent être créés en utilisant des outils de modélisation 3D tels que Blender, Maya et 3ds Max. Les sons peuvent être créés en utilisant des logiciels d'enregistrement sonore tels que Audacity et Adobe Audition. Les animations peuvent être créées en utilisant des outils de création d'animations tels que Maya, 3ds Max et Houdini. Les modèles peuvent être créés en utilisant des outils de modélisation 3D tels que Blender, Maya et SketchUp.

Il est important pour les formateurs de comprendre les avantages et les limites de chaque technique de développement de contenu immersif en VR et AR. Les textures permettent de créer des surfaces réalistes et détaillées, mais peuvent être difficiles à créer pour les débutants. Les éclairages permettent de créer des effets d'ombres et de lumière, mais peuvent nécessiter des compétences en modélisation 3D avancées pour être réalisés correctement. Les sons permettent de créer une expérience sonore immersive, mais peuvent nécessiter des compétences en enregistrement sonore et en édition. Les animations permettent de créer des mouvements pour les objets virtuels, mais peuvent prendre beaucoup de temps à créer. Les modèles permettent de créer des objets virtuels, mais peuvent nécessiter des compétences en modélisation 3D avancées pour être créés à partir de zéro.

Les formateurs doivent également considérer l'objectif de leur formation et les besoins de leurs apprenants lors du choix des techniques de développement de contenu immersif. Par exemple, si l'objectif est de simuler une expérience pratique pour les apprenants, la création de textures et d'éclairages peut être essentielle pour créer un environnement immersif réaliste. Si l'objectif est de fournir une expérience sonore immersive, la création de sons peut être une priorité. Si l'objectif est de fournir une expérience interactive, la création d'animations et d'éléments interactifs peut être nécessaire.

Enfin, les formateurs doivent être conscients des dernières tendances et des nouveaux outils de développement de contenu immersif en VR et AR. Les nouvelles technologies, telles que la capture de mouvement et la réalité augmentée, offrent de nouvelles possibilités pour créer des environnements immersifs pour les apprenants. Les formateurs doivent suivre les tendances et les avancées technologiques pour continuer à offrir une expérience immersive efficace et innovante pour les apprenants.

Chapitre 4 :

Mise en œuvre de formations immersives en VR et AR

Le chapitre de la mise en œuvre de formations immersives en réalité virtuelle (VR) et augmentée (AR) explore les étapes nécessaires pour mettre en place des environnements immersifs pour les apprenants. Ce chapitre examine les différents types de matériel et de logiciels nécessaires pour exécuter des environnements immersifs, les compétences et les ressources nécessaires pour soutenir les apprenants et les formateurs, ainsi que les défis potentiels à prendre en compte lors de la mise en œuvre de formations immersives en VR et AR.

Comment intégrer une formation immersive en VR et AR dans un programme de formation ?

Intégrer une formation immersive en réalité virtuelle (VR) et augmentée (AR) dans un programme de formation nécessite une planification minutieuse et une compréhension des besoins des apprenants. Nous allons examiner les étapes nécessaires pour intégrer une formation immersive en VR et AR dans un programme de formation, y compris la planification, la sélection des outils et des ressources appropriés, la conception du contenu de la formation et l'évaluation de l'efficacité de la formation immersive.

Planification

La planification est une étape cruciale dans l'intégration d'une formation immersive en VR et AR dans un programme de formation. Les formateurs doivent comprendre les objectifs de la formation, les besoins des apprenants, le budget et le calendrier de la formation, ainsi que les outils et les ressources disponibles. La planification doit également inclure la sélection d'une plateforme VR ou AR appropriée pour héberger la formation immersive.

Sélection des outils et des ressources

Une fois la planification terminée, les formateurs doivent sélectionner les outils et les ressources appropriés pour créer la formation immersive. Cela peut inclure des outils de développement de contenu immersif, des plateformes VR et AR, des casques VR, des gants haptiques et des autres équipements nécessaires pour exécuter la formation immersive. Les formateurs doivent également sélectionner les ressources appropriées pour soutenir les apprenants, y compris des guides d'utilisation pour les équipements et les plateformes, des vidéos de formation et des documents de support.

Conception du contenu de la formation

La conception du contenu de la formation immersive est une étape importante dans l'intégration d'une formation immersive en VR et AR dans un programme de formation. Les formateurs doivent considérer les objectifs de la formation, les besoins des apprenants et les compétences à acquérir pour créer un contenu de formation efficace. La conception du contenu doit également inclure des éléments interactifs pour créer une expérience immersive pour les apprenants.

Mise en œuvre

Une fois que la conception du contenu de la formation est terminée, les formateurs doivent mettre en œuvre la formation immersive. Cela peut inclure la formation des apprenants sur l'utilisation des équipements VR et AR, l'installation de la plateforme VR ou AR et la configuration de la formation immersive. Les formateurs doivent également assurer la disponibilité des ressources de support pour les apprenants en cas de problèmes techniques ou de difficultés à utiliser les équipements et les plateformes.

Évaluation de l'efficacité de la formation immersive

L'évaluation de l'efficacité de la formation immersive est une étape importante pour mesurer l'impact de la formation immersive sur les apprenants. Les formateurs doivent évaluer l'efficacité de la formation immersive en utilisant des méthodes telles que les enquêtes auprès des apprenants, les évaluations des compétences avant et après la formation immersive, et les commentaires des formateurs et des apprenants. Les résultats de l'évaluation de l'efficacité de la formation immersive peuvent aider les formateurs à améliorer le contenu de la formation et les outils et les ressources utilisés pour la formation immersive.

En conclusion

L'intégration d'une formation immersive en VR et AR dans un programme de formation nécessite une planification minutieuse, la sélection des outils et des ressources appropriés, la conception du contenu de la formation et l'évaluation de l'efficacité de la formation immersive. Les formateurs doivent comprendre les besoins des apprenants, les objectifs de la formation, le budget et le calendrier de la formation, ainsi que les outils et les ressources disponibles pour intégrer avec succès une formation immersive en VR et AR dans un programme de formation.

Il est important pour les formateurs de reconnaître les avantages de l'utilisation de la réalité virtuelle et augmentée dans la formation, notamment l'amélioration de l'engagement et de la rétention des apprenants, l'offre d'une expérience d'apprentissage pratique et immersive, et la création d'un environnement d'apprentissage sûr et contrôlé. Cependant, les formateurs doivent également être conscients des défis potentiels liés à l'utilisation de la VR et AR dans la formation, tels que les coûts élevés des équipements, la complexité de la création de contenu immersif et la nécessité de formation des apprenants sur l'utilisation des équipements VR et AR.

L'intégration d'une formation immersive en VR et AR dans un programme de formation peut offrir une expérience d'apprentissage plus efficace et plus immersive pour les apprenants. Les formateurs doivent prendre en compte les besoins et les objectifs de la formation, ainsi que les outils et les ressources disponibles pour sélectionner les éléments de formation appropriés. L'ensemble du processus doit être soigneusement planifié et mis en œuvre, avec une évaluation régulière de l'efficacité de la formation immersive pour garantir que les objectifs de la formation sont atteints et que les apprenants ont une expérience d'apprentissage enrichissante.

Les stratégies pour assurer une expérience immersive réussie

Assurer une expérience immersive réussie en réalité virtuelle (VR) et augmentée (AR) peut être un défi, mais il existe des stratégies clés que les formateurs peuvent utiliser pour garantir que les apprenants tirent pleinement parti de la formation immersive. Nous allons examiner les stratégies pour assurer une expérience immersive réussie en VR et AR, y compris la sélection des plateformes et des équipements appropriés, la conception de contenu immersif efficace, la formation des apprenants sur l'utilisation des équipements et des plateformes, et l'adaptation de la formation immersive aux besoins des apprenants.

Sélection des plateformes et des équipements appropriés

La sélection des plateformes et des équipements appropriés est une étape clé pour assurer une expérience immersive réussie en VR et AR. Les formateurs doivent sélectionner des plateformes et des équipements de haute qualité qui offrent des performances rapides et fiables. Les formateurs doivent également sélectionner des plateformes et des équipements qui offrent une compatibilité avec les différents types de contenu immersif, tels que les vidéos 360, les hologrammes et les modèles 3D.

Conception de contenu immersif efficace

La conception de contenu immersif efficace est également importante pour assurer une expérience immersive réussie en VR et AR. Les formateurs doivent concevoir un contenu qui engage les apprenants et les met en mesure de participer activement à la formation. Cela peut inclure la création de simulations pratiques, l'utilisation de graphiques 3D et de vidéos 360, et la création d'un environnement immersif réaliste. Les formateurs doivent également veiller à ce que le contenu soit adapté à l'objectif de la formation et aux besoins des apprenants.

Formation des apprenants sur l'utilisation des équipements et des plateformes

La formation des apprenants sur l'utilisation des équipements et des plateformes est également essentielle pour assurer une expérience immersive réussie en VR et AR. Les formateurs doivent fournir une formation sur l'utilisation des équipements et des plateformes pour s'assurer que les apprenants sont à l'aise avec les technologies avant de commencer la formation immersive. Les formateurs doivent également fournir des instructions claires sur l'utilisation des équipements et des plateformes pour minimiser les erreurs et les problèmes techniques.

Adaptation de la formation immersive aux besoins des apprenants

L'adaptation de la formation immersive aux besoins des apprenants est également importante pour assurer une expérience immersive réussie en VR et AR. Les formateurs doivent tenir compte des besoins des apprenants et adapter la formation immersive en conséquence. Cela peut inclure l'utilisation de différents types de contenu immersif en fonction des besoins des apprenants, la personnalisation de l'environnement immersif pour les besoins individuels, et l'offre d'une formation immersive qui prend en compte les différents styles d'apprentissage.

Évaluation régulière de l'expérience immersive

L'évaluation régulière de l'expérience immersive est également importante pour assurer une expérience immersive réussie en VR et AR. Les formateurs doivent surveiller l'expérience immersive des apprenants pour s'assurer que les apprenants sont engagés et qu'ils comprennent le contenu de la formation. Les formateurs doivent également évaluer l'efficacité de la formation immersive en utilisant des méthodes telles que les enquêtes auprès des apprenants, les évaluations des compétences avant et après la formation immersive, et les commentaires des formateurs et des apprenants. Les résultats de l'évaluation peuvent aider les formateurs à apporter des ajustements à la formation immersive pour améliorer l'expérience des apprenants.

Offrir une expérience immersive réussie en VR et AR peut offrir de nombreux avantages, tels qu'une amélioration de l'engagement et de la rétention des apprenants, une offre d'une expérience d'apprentissage pratique et immersive, et la création d'un environnement d'apprentissage sûr et contrôlé. Cependant, pour assurer une expérience immersive réussie, les formateurs doivent sélectionner des plateformes et des équipements de haute qualité, concevoir un contenu immersif efficace, former les apprenants sur l'utilisation des équipements et des plateformes, adapter la formation immersive aux besoins des apprenants et évaluer régulièrement l'expérience immersive.

En conclusion

La réussite de l'expérience immersive en VR et AR dépend de la qualité de la planification, de la conception et de la mise en œuvre de la formation immersive. Les formateurs doivent considérer les besoins et les objectifs de la formation, ainsi que les outils et les ressources disponibles pour sélectionner les éléments de formation appropriés. En utilisant les stratégies clés décrites dans ce chapitre, les formateurs peuvent offrir une expérience immersive réussie pour les apprenants et améliorer l'efficacité de la formation immersive en VR et AR.

Comment mesurer l'efficacité d'une formation immersive en VR et AR

Mesurer l'efficacité d'une formation immersive en réalité virtuelle (VR) et augmentée (AR) est essentiel pour les formateurs afin de comprendre si la formation répond aux objectifs et aux besoins des apprenants. Bien que la mesure de l'efficacité puisse sembler complexe, il existe des mesures clés que les formateurs peuvent utiliser pour évaluer l'efficacité de la formation immersive en VR et AR. Nous allons examiner les méthodes de mesure de l'efficacité de la formation immersive en VR et AR, y compris les enquêtes auprès des apprenants, les évaluations des compétences avant et après la formation immersive, l'utilisation de données de performance et d'utilisation, ainsi que les commentaires des formateurs et des apprenants.

Enquêtes auprès des apprenants

Les enquêtes auprès des apprenants sont une méthode courante de mesure de l'efficacité de la formation immersive en VR et AR. Les formateurs peuvent utiliser des enquêtes pour obtenir des commentaires sur l'expérience des apprenants, notamment leur satisfaction à l'égard de la formation, leur niveau d'engagement, leur compréhension du contenu et leur expérience globale. Les enquêtes auprès des apprenants peuvent être administrées avant, pendant ou après la formation immersive en VR et AR.

Évaluations des compétences avant et après la formation immersive

Les évaluations des compétences avant et après la formation immersive en VR et AR peuvent aider à mesurer l'efficacité de la formation. Les évaluations avant la formation permettent de comprendre les niveaux de compétence et de connaissance des apprenants avant la formation immersive, tandis que les évaluations après la formation permettent de mesurer les améliorations des compétences et des connaissances après la formation immersive. Les évaluations peuvent être basées sur des compétences spécifiques, telles que la résolution de problèmes ou la prise de décision, ou sur des connaissances spécifiques liées au contenu de la formation.

Utilisation de données de performance et d'utilisation

Les données de performance et d'utilisation peuvent également être utilisées pour mesurer l'efficacité de la formation immersive en VR et AR. Les formateurs peuvent collecter des données sur les temps d'utilisation, le nombre de tentatives pour terminer une tâche ou une activité, le nombre de fois qu'une erreur a été commise et le temps passé sur des tâches spécifiques. Ces données peuvent aider les formateurs à comprendre comment les apprenants interagissent avec le contenu de la formation immersive et comment ils utilisent les outils et les plateformes de la formation.

Commentaires des formateurs et des apprenants

Les commentaires des formateurs et des apprenants peuvent fournir une autre mesure de l'efficacité de la formation immersive en VR et AR. Les formateurs peuvent fournir des commentaires sur les performances des apprenants et sur les éléments de la formation immersive qui ont bien fonctionné ou qui ont besoin d'amélioration. Les apprenants peuvent également fournir des commentaires sur leur expérience globale de la formation immersive, y compris leur satisfaction à l'égard de la formation, leur niveau d'engagement, leur compréhension du contenu et leur expérience globale.

En fin de compte, mesurer l'efficacité d'une formation immersive en VR et AR permet aux formateurs d'évaluer l'impact de la formation sur les apprenants et d'apporter les ajustements nécessaires pour améliorer la formation. Les enquêtes auprès des apprenants, les évaluations des compétences avant et après la formation immersive, l'utilisation de données de performance et d'utilisation, ainsi que les commentaires des formateurs et des apprenants sont des méthodes clés pour mesurer l'efficacité de la formation immersive en VR et AR.

Lors de la conception d'une formation immersive en VR et AR, il est important pour les formateurs de considérer les mesures clés pour évaluer l'efficacité de la formation. Les formateurs doivent déterminer les objectifs de la formation, les compétences et les connaissances à enseigner, les outils et les plateformes à utiliser, ainsi que les méthodes de mesure de l'efficacité de la formation. En utilisant les méthodes de mesure clés, les formateurs peuvent évaluer l'impact de la formation immersive en VR et AR sur les apprenants et apporter les ajustements nécessaires pour améliorer la formation.

En conclusion

La mesure de l'efficacité d'une formation immersive en VR et AR est essentielle pour les formateurs afin de comprendre si la formation répond aux objectifs et aux besoins des apprenants. Les enquêtes auprès des apprenants, les évaluations des compétences avant et après la formation immersive, l'utilisation de données de performance et d'utilisation, ainsi que les commentaires des formateurs et des apprenants sont des méthodes clés pour mesurer l'efficacité de la formation immersive en VR et AR. Les formateurs doivent prendre en compte ces mesures clés lors de la conception d'une formation immersive en VR et AR afin d'évaluer l'impact de la formation sur les apprenants et d'apporter les ajustements nécessaires pour améliorer la formation.

Chapitre 5 :

Les applications de l'apprentissage immersif en VR et AR

L'apprentissage immersif en réalité virtuelle (VR) et augmentée (AR) offre des avantages uniques pour les formateurs et les apprenants, notamment en offrant des expériences pratiques et immersives qui ne peuvent pas être reproduites dans un environnement de formation traditionnel. Dans ce chapitre, nous allons explorer les applications de l'apprentissage immersif en VR et AR, y compris les domaines d'application, les avantages pour les apprenants, les défis et les meilleures pratiques pour l'utilisation de l'apprentissage immersif en VR et AR dans différents contextes de formation.

Les domaines d'application de l'apprentissage immersif en VR et AR sont vastes et peuvent inclure des domaines tels que la santé, l'ingénierie, l'architecture, la formation professionnelle et la formation en entreprise. Les formateurs peuvent utiliser la VR et l'AR pour simuler des environnements et des situations complexes, permettant ainsi aux apprenants d'acquérir des compétences et des connaissances dans un environnement pratique et sécurisé.

Les domaines d'application de la formation immersive en VR et AR

La formation immersive en réalité virtuelle (VR) et augmentée (AR) peut être appliquée dans une variété de domaines et de secteurs pour offrir une expérience pratique et immersive aux apprenants. Nous allons explorer les différents domaines d'application de la formation immersive en VR et AR, en mettant l'accent sur les avantages qu'elle peut offrir dans chaque domaine.

Le secteur de la santé est l'un des domaines les plus prometteurs pour l'utilisation de la formation immersive en VR et AR. La formation immersive peut être utilisée pour simuler des situations cliniques complexes, offrant ainsi aux professionnels de la santé une expérience pratique pour acquérir des compétences de diagnostic et de traitement. Les simulations en VR et AR peuvent également être utilisées pour la formation des patients, en les aidant à mieux comprendre leur condition et les traitements qui leur sont proposés.

Dans le domaine de l'ingénierie, la formation immersive en VR et AR peut être utilisée pour simuler des environnements de travail complexes, tels que des sites industriels et des plateformes pétrolières offshore. Cela permet aux apprenants d'acquérir des compétences en matière de sécurité et de gestion des risques dans des environnements dangereux, sans prendre de risques réels.

La formation immersive en VR et AR peut également être utilisée dans le domaine de **l'architecture** pour permettre aux apprenants de concevoir et de visualiser des projets de construction complexes en temps réel. Les apprenants peuvent également bénéficier d'une expérience pratique pour apprendre les techniques de modélisation et de visualisation 3D.

Dans le domaine de la **formation professionnelle** et de la formation en entreprise, la formation immersive en VR et AR peut offrir une expérience pratique pour acquérir des compétences professionnelles telles que la prise de parole en public, la gestion du temps et la résolution de problèmes. Les simulations pratiques en VR et AR peuvent également être utilisées pour la formation à la sécurité en milieu de travail et pour les pratiques de vente et de service à la clientèle.

Enfin, la formation immersive en VR et AR peut être utilisée pour la formation en milieu scolaire, offrant aux apprenants une expérience pratique pour apprendre les sciences, l'histoire et d'autres matières. La formation immersive peut également être utilisée pour la formation en langues, permettant aux apprenants d'acquérir des compétences linguistiques en simulant des situations de la vie réelle.

En conclusion

La formation immersive en VR et AR peut être appliquée dans une variété de domaines pour offrir une expérience pratique et immersive aux apprenants. Les domaines d'application incluent la santé, l'ingénierie, l'architecture, la formation professionnelle et en entreprise, ainsi que la formation en milieu scolaire. Chaque domaine présente des avantages uniques pour l'utilisation de la formation immersive en VR et AR, permettant aux apprenants d'acquérir des compétences pratiques dans un environnement virtuel sûr et interactif.

Les exemples de formation immersive en VR et AR

- La formation immersive en réalité virtuelle (VR) et augmentée (AR) offre des avantages uniques pour les formateurs et les apprenants, en offrant des expériences pratiques et immersives qui ne peuvent pas être reproduites dans un environnement de formation traditionnel. Dans ce chapitre, nous allons explorer quelques exemples de formation immersive en VR et AR qui ont été utilisés avec succès dans différents domaines et secteurs.

- Dans le domaine de la santé, la formation immersive en VR et AR a été utilisée pour former les professionnels de la santé sur les techniques de réanimation cardio-pulmonaire (RCP) et la gestion de l'anesthésie. Les simulations en VR et AR ont permis aux professionnels de la santé de s'exercer dans des environnements de simulation réalistes, offrant ainsi une expérience pratique pour acquérir des compétences et des connaissances en toute sécurité.

- Dans le domaine de l'ingénierie, la formation immersive en VR et AR a été utilisée pour simuler des environnements de travail complexes, tels que des sites industriels et des plateformes pétrolières offshore. Cela permet aux apprenants d'acquérir des compétences en matière de sécurité et de gestion des risques dans des environnements dangereux, sans prendre de risques réels.

- Dans le domaine de l'architecture, la formation immersive en VR et AR a été utilisée pour permettre aux apprenants de concevoir et de visualiser des projets de construction complexes en temps réel. Les apprenants peuvent également bénéficier d'une expérience pratique pour apprendre les techniques de modélisation et de visualisation 3D.

- Dans le domaine de la formation professionnelle et de la formation en entreprise, la formation immersive en VR et AR peut être utilisée pour la formation en vente et en service à la clientèle. Les simulations pratiques en VR et AR permettent aux apprenants de s'exercer à traiter des clients difficiles et à résoudre des problèmes complexes de manière interactive.

- Dans le domaine de l'éducation, la formation immersive en VR et AR peut être utilisée pour la formation en sciences, en histoire et en langues. Les simulations en VR et AR permettent aux apprenants de visualiser et d'interagir avec des concepts complexes, offrant ainsi une expérience pratique pour l'apprentissage des matières.

Enfin, la formation immersive en VR et AR peut également être utilisée pour la formation à la sécurité en milieu de travail, en simulant des situations dangereuses telles que des incendies, des explosions et des accidents.

En conclusion

La formation immersive en VR et AR offre des avantages uniques pour les formateurs et les apprenants dans une variété de domaines et de secteurs. Les exemples de formation immersive en VR et AR que nous avons examinés illustrent l'étendue des applications potentielles de cette technologie, offrant ainsi une expérience pratique pour acquérir des compétences et des connaissances dans un environnement virtuel sûr et interactif.

Comment l'apprentissage immersif en VR et AR peut améliorer les résultats de la formation ?

L'apprentissage immersif en réalité virtuelle (VR) et augmentée (AR) est une méthode de formation innovante qui peut améliorer considérablement les résultats de la formation. Dans ce chapitre, nous allons explorer les différents moyens par lesquels l'apprentissage immersif en VR et AR peut améliorer les résultats de la formation.

Engagement accru des apprenants :
Les environnements immersifs en VR et AR offrent une expérience pratique et interactive qui peut captiver l'attention des apprenants et les motiver à apprendre. Les apprenants sont plongés dans un environnement virtuel réaliste qui leur permet d'explorer et d'interagir avec les concepts et les idées de manière dynamique.

Apprentissage pratique et expérientiel :

Les environnements immersifs en VR et AR permettent aux apprenants de s'exercer et d'acquérir des compétences dans un environnement sûr et interactif. Les apprenants peuvent pratiquer des compétences pratiques telles que la réanimation cardio-pulmonaire (RCP), la gestion des risques et la prise de parole en public, tout en recevant un feedback immédiat et précis.

Personnalisation de la formation :
Les environnements immersifs en VR et AR peuvent être adaptés aux besoins spécifiques des apprenants, offrant ainsi une expérience d'apprentissage personnalisée. Les formateurs peuvent créer des environnements d'apprentissage adaptatifs qui s'ajustent en fonction des performances des apprenants, offrant ainsi une

expérience d'apprentissage plus efficace et individualisée.

Réduction des coûts de formation :
Les environnements immersifs en VR et AR peuvent être utilisés pour simuler des environnements de travail complexes, tels que des sites industriels et des plateformes pétrolières offshore, offrant ainsi une expérience pratique pour acquérir des compétences en toute sécurité. Cela permet de réduire les coûts de formation en évitant d'avoir à recréer des environnements de formation coûteux dans le monde réel.

Évaluation précise de la performance :
Les environnements immersifs en VR et AR peuvent être utilisés pour évaluer de manière précise les performances des apprenants. Les simulations en VR et AR permettent de collecter

des données sur les performances des apprenants en temps réel, offrant ainsi un feedback précis et des mesures de la performance.

Meilleure rétention des informations :
Les environnements immersifs en VR et AR offrent une expérience pratique et interactive qui peut aider les apprenants à mieux retenir l'information. Les apprenants peuvent explorer et interagir avec les concepts et les idées de manière dynamique, offrant ainsi une expérience d'apprentissage plus mémorable.

Développement de compétences transférables :
Les compétences acquises dans les environnements immersifs en VR et AR peuvent être transférées dans le monde réel, offrant ainsi une expérience pratique pour acquérir des

compétences utiles et applicables dans la vie professionnelle et personnelle.

En conclusion

L'apprentissage immersif en VR et AR offre des avantages considérables pour les formateurs et les apprenants. Les environnements immersifs en VR et AR offrent une expérience pratique et interactive qui peut améliorer l'engagement des apprenants, offrir une formation pratique et expérientielle, personnaliser la formation, réduire les coûts de formation, évaluer précisément la performance, améliorer la rétention des informations et développer des compétences transférables. Ces avantages peuvent se traduire par une meilleure performance des apprenants, une plus grande satisfaction des employés et une réduction des coûts de formation pour les entreprises. Les formateurs doivent donc envisager d'intégrer l'apprentissage immersif en

VR et AR dans leurs programmes de formation pour améliorer les résultats de la formation. Cependant, il est important de noter que l'apprentissage immersif en VR et AR ne doit pas remplacer complètement les méthodes de formation traditionnelles, mais plutôt les compléter pour offrir une expérience d'apprentissage plus efficace et complète.

Chapitre 6 :

Les défis techniques de la création de formations immersives en VR et AR

La création de formations immersives en réalité virtuelle (VR) et augmentée (AR) offre des avantages considérables pour les formateurs et les apprenants, mais elle comporte également des défis techniques uniques. Dans ce chapitre, nous allons explorer les défis techniques de la création de formations immersives en VR et AR et discuter des solutions pour les surmonter.

Les défis techniques de la création de formations immersives en VR et AR sont nombreux, allant de la création de contenu et de la conception d'environnements à la mise en place d'infrastructures techniques pour assurer la compatibilité et la performance.

Les contraintes matérielles et techniques à prendre en compte lors de la création de formations immersives

La création de formations immersives en réalité virtuelle (VR) et augmentée (AR) nécessite des équipements matériels et des outils techniques spécifiques pour offrir une expérience immersive de qualité. Cependant, il existe des contraintes matérielles et techniques importantes à prendre en compte lors de la création de formations immersives. Nous explorerons ces contraintes et discuterons des solutions pour les surmonter.

La compatibilité matérielle :
Les formateurs doivent tenir compte de la compatibilité matérielle lors de la création de formations immersives en VR et AR. Cela signifie que les matériels utilisés, tels que les casques VR, les caméras 360°, les écrans tactiles, etc., doivent être compatibles avec les logiciels et les environnements de formation. Les formateurs doivent donc s'assurer que les équipements

matériels utilisés sont compatibles avec les outils de développement et les environnements de formation.

La puissance de calcul :
La création de formations immersives en VR et AR nécessite une puissance de calcul considérable. Les formateurs doivent donc s'assurer que les ordinateurs et les serveurs utilisés sont suffisamment puissants pour gérer les exigences de traitement graphique et les performances requises pour fournir une expérience immersive de qualité.

La qualité d'affichage :
La qualité d'affichage est un élément crucial pour une expérience immersive en VR et AR. Les formateurs doivent s'assurer que les écrans utilisés sont suffisamment grands et de haute

résolution pour fournir une expérience immersive de qualité.

La connectivité :

Les formateurs doivent tenir compte de la connectivité lors de la création de formations immersives en VR et AR. Les environnements de formation nécessitent souvent une connexion Internet rapide et fiable pour accéder aux ressources en ligne et collaborer avec d'autres apprenants et formateurs.

La sécurité des données :

La création de formations immersives en VR et AR peut générer des quantités massives de données. Les formateurs doivent donc s'assurer que les données sont stockées de manière sécurisée pour éviter les fuites de données ou les pertes de données.

La qualité du son :

Le son est un élément important pour une expérience immersive en VR et AR. Les formateurs doivent s'assurer que la qualité du son est suffisante pour fournir une expérience immersive de qualité.

La facilité d'utilisation :

Les formateurs doivent tenir compte de la facilité d'utilisation lors de la création de formations immersives en VR et AR. Les outils de développement et les environnements de formation doivent être conviviaux et intuitifs pour faciliter l'expérience des apprenants et des formateurs.

La création de formations immersives en VR et AR nécessite des équipements matériels et des outils techniques spécifiques pour offrir une expérience immersive de qualité. Les formateurs doivent prendre en compte les contraintes matérielles et techniques pour offrir une expérience immersive de qualité et faciliter l'apprentissage des apprenants. Les formateurs doivent s'assurer que les équipements matériels utilisés sont compatibles avec les outils de développement et les environnements de formation, et que les ordinateurs et les serveurs utilisés sont suffisamment puissants pour gérer les exigences de traitement graphique et les performances requises pour fournir une expérience immersive de qualité. Les formateurs doivent également veiller à ce que la qualité d'affichage, la connectivité, la sécurité des données, la qualité du son et la facilité d'utilisation soient prises en compte lors de la création de formations immersives en VR et AR.

Pour surmonter ces contraintes, les formateurs peuvent :

Effectuer des recherches sur les matériels et les logiciels disponibles :
Les formateurs doivent s'informer sur les matériels et les logiciels disponibles pour la création de formations immersives en VR et AR. Ils doivent prendre en compte les caractéristiques techniques, les coûts et la compatibilité des différents équipements et logiciels pour choisir ceux qui conviennent le mieux à leurs besoins.

Investir dans des équipements de qualité :
Les formateurs doivent investir dans des équipements de qualité pour assurer une expérience immersive de qualité. Cela peut

inclure l'achat de casques VR de haute qualité, de caméras 360° et d'écrans de haute résolution.

Optimiser les performances :

Les formateurs doivent optimiser les performances des environnements immersifs en VR et AR en utilisant des techniques telles que la compression de données, la réduction de la résolution d'affichage, l'utilisation de serveurs à haute performance, etc.

Utiliser des outils de développement conviviaux :

Les formateurs doivent utiliser des outils de développement conviviaux pour faciliter la création de formations immersives en VR et AR. Cela peut inclure l'utilisation de plateformes de développement telles que Unity ou Unreal Engine, qui offrent des interfaces utilisateur intuitives et des fonctionnalités de développement avancées.

Former les apprenants et les formateurs :
Les formateurs doivent former les apprenants et les formateurs à l'utilisation des équipements et des outils de formation immersive en VR et AR. Cela peut inclure des sessions de formation sur les matériels et les logiciels, ainsi que des guides d'utilisation détaillés pour aider les utilisateurs à tirer le meilleur parti des environnements immersifs en VR et AR.

En conclusion

Les contraintes matérielles et techniques sont un aspect important de la création de formations immersives en VR et AR. Les formateurs doivent prendre en compte ces contraintes et utiliser des techniques pour les surmonter afin d'offrir une expérience immersive de qualité pour les apprenants. En investissant dans des équipements de qualité, en optimisant les performances, en utilisant des outils de développement conviviaux et en formant les apprenants et les formateurs, les formateurs peuvent créer des environnements immersifs en VR et AR de qualité supérieure pour faciliter l'apprentissage.

Comment surmonter les défis techniques pour offrir une expérience immersive réussie ?

La création de formations immersives en réalité virtuelle (VR) et augmentée (AR) offre de nombreuses possibilités pour l'apprentissage, mais elle nécessite des équipements matériels et des outils techniques spécifiques pour offrir une expérience immersive de qualité. Cependant, il existe des contraintes matérielles et techniques importantes à prendre en compte lors de la création de formations immersives. Nous explorerons les défis techniques de la création de formations immersives et discuterons des solutions pour les surmonter.

La compatibilité matérielle

L'un des premiers défis techniques à prendre en compte lors de la création de formations immersives est la compatibilité matérielle. Les équipements matériels utilisés, tels que les casques VR, les caméras 360°, les écrans tactiles, etc., doivent être compatibles avec les logiciels et les environnements de formation. Il est important de s'assurer que les matériels utilisés sont compatibles avec les outils de développement et les environnements de formation pour éviter les problèmes de compatibilité qui pourraient affecter la qualité de l'expérience immersive.

Pour surmonter ce défi, les formateurs peuvent se renseigner sur les équipements matériels compatibles avec les logiciels et les environnements de formation qu'ils utilisent. Ils peuvent également s'assurer que les équipements matériels sont compatibles en effectuant des tests de compatibilité avant de commencer la création de la formation immersive.

La puissance de calcul

La création de formations immersives en VR et AR nécessite une puissance de calcul considérable. Les formateurs doivent donc s'assurer que les ordinateurs et les serveurs utilisés sont suffisamment puissants pour gérer les exigences de traitement graphique et les performances requises pour fournir une expérience immersive de qualité. Les formateurs doivent tenir compte des exigences de traitement graphique pour les environnements immersifs, car ceux-ci nécessitent une grande quantité de puissance de calcul pour offrir une expérience immersive fluide.

Pour surmonter ce défi, les formateurs peuvent utiliser des ordinateurs et des serveurs puissants pour assurer la qualité de l'expérience immersive. Ils peuvent également optimiser les performances en utilisant des techniques telles que la compression de données, la réduction de la résolution d'affichage et l'utilisation de serveurs à haute performance.

La qualité d'affichage

La qualité d'affichage est un élément crucial pour une expérience immersive en VR et AR. Les formateurs doivent s'assurer que les écrans utilisés sont suffisamment grands et de haute résolution pour fournir une expérience immersive de qualité. La qualité de l'affichage peut affecter l'immersion et la qualité globale de l'expérience immersive.

Pour surmonter ce défi, les formateurs peuvent utiliser des écrans de haute résolution et de grande taille pour assurer une expérience immersive de qualité. Ils peuvent également s'assurer que les environnements de formation sont bien éclairés pour faciliter l'expérience immersive.

La connectivité

Les formateurs doivent tenir compte de la connectivité lors de la création de formations immersives en VR et AR. Les environnements de formation nécessitent souvent une connexion Internet rapide et fiable pour accéder aux ressources en ligne et collaborer avec d'autres apprenants et formateurs. La qualité de la connexion Internet peut également affecter la qualité de l'expérience immersive.

Pour surmonter ce défi, les formateurs peuvent utiliser une connexion Internet rapide et fiable pour assurer la qualité de l'expérience immersive. Ils peuvent également utiliser des outils de collaboration en ligne pour permettre aux apprenants de travailler ensemble, même s'ils ne sont pas dans la même pièce.

La sécurité des données

La sécurité des données est un autre défi technique important lors de la création de formations immersives en VR et AR. Les formateurs doivent s'assurer que les données des apprenants et des formateurs sont protégées contre les attaques de cybercriminels. Les environnements de formation doivent être sécurisés pour éviter les pertes de données ou les violations de la vie privée.

Pour surmonter ce défi, les formateurs doivent prendre des mesures pour sécuriser les environnements de formation en utilisant des pares-feux, des logiciels de sécurité et des protocoles de sécurité appropriés. Ils peuvent également fournir des formations sur la sécurité des données aux apprenants et aux formateurs pour les sensibiliser aux risques de sécurité.

La qualité du son

La qualité du son est un élément important de l'expérience immersive en VR et AR. Les formateurs doivent s'assurer que la qualité du son est de haute qualité pour offrir une expérience immersive de qualité. Les problèmes de qualité sonore peuvent affecter la qualité globale de l'expérience immersive.

Pour surmonter ce défi, les formateurs peuvent utiliser des équipements de son de haute qualité pour assurer une expérience immersive de qualité. Ils peuvent également s'assurer que les environnements de formation sont bien isolés pour éviter les bruits extérieurs.

La facilité d'utilisation

La facilité d'utilisation est un élément crucial pour assurer une expérience immersive réussie. Les formateurs doivent s'assurer que les environnements de formation sont conviviaux et faciles à utiliser pour faciliter l'apprentissage. Les apprenants doivent être en mesure de naviguer facilement dans les environnements de formation et d'interagir avec les éléments de formation.

Pour surmonter ce défi, les formateurs peuvent utiliser des interfaces utilisateur conviviales pour les environnements de formation. Ils peuvent également fournir des guides d'utilisation détaillés pour aider les apprenants à naviguer facilement dans les environnements de formation.

En conclusion

Les défis techniques de la création de formations immersives en VR et AR peuvent être nombreux, mais il est possible de les surmonter. Les formateurs doivent prendre en compte les contraintes matérielles et techniques, telles que la compatibilité matérielle, la puissance de calcul, la qualité d'affichage, la connectivité, la sécurité des données, la qualité du son et la facilité d'utilisation. En utilisant des outils de développement conviviaux, des équipements de qualité et des techniques pour optimiser les performances, les formateurs peuvent offrir des expériences immersives de qualité pour les apprenants.

Chapitre 7 :

Compétences requises pour les formateurs pour réaliser des formations immersives en VR et AR

Maîtrise des technologies de réalité virtuelle ou augmentée

Les technologies de réalité virtuelle (RV) et augmentée (RA) sont en train de révolutionner de nombreux secteurs, notamment celui de l'éducation et de la formation. Ces technologies offrent des possibilités d'apprentissage immersive et interactive, permettant aux apprenants d'explorer des environnements virtuels et augmenter leur expérience de la réalité. Cependant, la création de contenu de RV et de RA nécessite une maîtrise des technologies de RV et de RA, ainsi que des compétences en conception et développement de contenu. Dans cette partie de livre, nous allons explorer les différentes technologies de RV et de RA disponibles, ainsi que les compétences nécessaires pour les maîtriser.

Technologies de réalité virtuelle

La réalité virtuelle est une technologie qui permet aux utilisateurs d'interagir avec des environnements virtuels à l'aide de dispositifs tels que des casques de RV et des manettes. La RV crée une immersion complète dans un environnement virtuel, permettant aux utilisateurs de se sentir comme s'ils étaient réellement présents dans cet environnement. Il existe plusieurs types de technologies de RV, notamment :

Les casques de RV :
Les casques de RV sont des dispositifs qui se portent sur la tête et qui ont des écrans intégrés. Ces écrans créent une immersion complète dans un environnement virtuel, permettant aux

utilisateurs de se sentir comme s'ils étaient réellement présents dans cet environnement.

Les manettes de RV :

Les manettes de RV sont des dispositifs qui permettent aux utilisateurs d'interagir avec des environnements virtuels. Ces manettes peuvent être utilisées pour déplacer des objets, effectuer des gestes ou interagir avec des éléments dans un environnement virtuel.

Les accessoires de RV :

Les accessoires de RV sont des dispositifs qui ajoutent des fonctionnalités supplémentaires aux casques de RV et aux manettes. Par exemple, les capteurs de mouvement permettent aux utilisateurs de se déplacer librement dans un environnement virtuel, tandis que les gants de RV permettent une interaction plus précise avec des objets virtuels.

Compétences nécessaires pour maîtriser les technologies de RV

Pour maîtriser les technologies de RV, les formateurs doivent posséder des compétences spécifiques. Voici quelques compétences clés qu'un formateur doit posséder pour être capable de créer des environnements de RV :

Connaissance des logiciels de conception de RV :
Les formateurs doivent être capables d'utiliser des logiciels de conception de RV tels que Unity, Unreal Engine et Blender. Ces logiciels permettent de créer des environnements de RV,

d'ajouter des textures, des lumières et des effets spéciaux.

Compétences en modélisation 3D :
Les formateurs doivent être en mesure de créer des modèles 3D réalistes pour les environnements de RV. Cela nécessite une connaissance approfondie des logiciels de modélisation 3D tels que 3DS Max et Maya.

Compétences en animation :
Les formateurs doivent être en mesure de créer des animations pour les environnements de RV. Cela comprend la création de mouvements pour les personnages, la mise en place de scènes d'interaction, etc.

Compétences en programmation :

Les formateurs doivent être en mesure de programmer des environnements de RV. Ils doivent être en mesure de créer des scripts pour les interactions utilisateur-environnement, de gérer les mouvements de la caméra, de créer des effets spéciaux et d'intégrer des sons.

Compétences en conception d'interface utilisateur :

Les formateurs doivent être en mesure de concevoir des interfaces utilisateur pour les environnements de RV. Cela comprend la conception de menus, la gestion des entrées utilisateur et la création de schémas de contrôle.

Technologies de réalité augmentée

La réalité augmentée est une technologie qui ajoute des éléments numériques au monde réel. Les utilisateurs peuvent interagir avec des éléments numériques en temps réel à l'aide de dispositifs tels que des smartphones et des tablettes. Il existe plusieurs types de technologies de RA, notamment :

Les applications de RA :
Les applications de RA sont des applications pour smartphone et tablette qui utilisent la caméra de l'appareil pour afficher des éléments numériques dans le monde réel. Les utilisateurs peuvent interagir avec ces éléments numériques en temps réel.

Les lunettes de RA :

Les lunettes de RA sont des dispositifs qui se portent sur la tête et qui ont des écrans intégrés. Ces écrans affichent des éléments numériques dans le champ de vision de l'utilisateur, permettant une interaction en temps réel avec le monde réel.

Les accessoires de RA :

Les accessoires de RA sont des dispositifs qui ajoutent des fonctionnalités supplémentaires aux applications de RA et aux lunettes de RA. Par exemple, les capteurs de mouvement permettent aux utilisateurs d'interagir avec des éléments numériques en temps réel, tandis que les gants de RA permettent une interaction plus précise avec des objets numériques.

Compétences nécessaires pour maîtriser les technologies de RA

Pour maîtriser les technologies de RA, les formateurs doivent posséder des compétences spécifiques. Voici quelques compétences clés qu'un formateur doit posséder pour être capable de créer des applications de RA :

Connaissance des logiciels de développement de RA :

Les formateurs doivent être capables d'utiliser des logiciels de développement de RA tels que Vuforia, ARKit et ARCore. Ces logiciels permettent de créer des applications de RA et de gérer les éléments numériques en temps réel.

Compétences en conception d'interface utilisateur :

Les formateurs doivent être en mesure de concevoir des interfaces utilisateur pour les applications de RA. Cela comprend la conception de menus, la gestion des entrées utilisateur et la création de schémas de contrôle.

Compétences en modélisation 3D :
Les formateurs doivent être en mesure de créer des modèles 3D pour les éléments numériques des applications de RA. Cela nécessite une connaissance approfondie des logiciels de modélisation 3D tels que 3DS Max et Maya.

Compétences en programmation :
Les formateurs doivent être en mesure de programmer les interactions utilisateur-environnement pour les applications de RA. Ils doivent être en mesure de créer des scripts pour la gestion des mouvements de la caméra, la gestion

des entrées utilisateur et l'affichage des éléments numériques en temps réel.

Compétences en traitement d'image :

Les formateurs doivent être en mesure de gérer le traitement d'image pour les applications de RA. Ils doivent être en mesure de gérer la reconnaissance d'image et de géolocalisation pour l'affichage des éléments numériques en temps réel.

Conclusion

La maîtrise des technologies de RV et de RA est essentielle pour les formateurs souhaitant créer des environnements d'apprentissage immersifs et interactifs. Les compétences nécessaires pour la maîtrise de ces technologies incluent la connaissance des logiciels de conception et de développement de RV et de RA, la modélisation 3D, l'animation, la programmation et la conception d'interfaces utilisateur. Les formateurs doivent également être en mesure de gérer les contraintes techniques et matérielles liées à la création d'environnements de RV et de RA. Les technologies de RV et de RA sont en train de changer la façon dont nous apprenons et nous formons, et la maîtrise de ces technologies est essentielle pour rester compétitif dans le monde de l'éducation et de la formation.

Capacité à concevoir des environnements immersifs

Les technologies de réalité virtuelle (RV) et de réalité augmentée (RA) permettent de créer des environnements immersifs qui offrent une expérience d'apprentissage interactive et immersive. Cependant, pour créer des environnements immersifs efficaces, il est essentiel de maîtriser les technologies de RV et de RA, ainsi que les compétences en conception et développement de contenu. Dans cette partie, nous explorerons les différentes technologies de RV et de RA disponibles pour la création d'environnements immersifs, ainsi que les compétences nécessaires pour les maîtriser. Technologies de réalité virtuelle pour la conception d'environnements immersifs

La RV est une technologie qui permet aux utilisateurs d'interagir avec des environnements virtuels en utilisant des dispositifs tels que des casques de RV et des manettes. Pour concevoir des environnements immersifs, il est nécessaire de maîtriser les différentes technologies de RV telles que :

Les casques de RV :

Les casques de RV sont des dispositifs qui permettent aux utilisateurs de plonger dans des environnements virtuels en créant une immersion complète dans cet environnement. Ils offrent une expérience visuelle et sonore immersive qui permet aux utilisateurs de se sentir comme s'ils étaient physiquement présents dans l'environnement virtuel.

Les manettes de RV :

Les manettes de RV sont des dispositifs qui permettent aux utilisateurs d'interagir avec des objets virtuels dans l'environnement virtuel. Elles offrent une expérience de contrôle et d'interaction précise qui permet aux utilisateurs d'explorer et de manipuler les objets virtuels.

Les accessoires de RV :

Les accessoires de RV sont des dispositifs supplémentaires qui peuvent ajouter des fonctionnalités à la conception d'environnements immersifs. Par exemple, les gants de RV peuvent permettre une interaction plus précise avec les objets virtuels, tandis que les capteurs de mouvement peuvent permettre des mouvements plus fluides dans l'environnement virtuel.

Compétences nécessaires pour maîtriser les technologies de RV pour la conception d'environnements immersifs

Pour concevoir des environnements immersifs en utilisant la RV, il est important d'avoir des compétences spécifiques. Les compétences nécessaires pour maîtriser les technologies de RV pour la conception d'environnements immersifs comprennent :

La connaissance des logiciels de conception de RV :
Les concepteurs d'environnements immersifs doivent être en mesure d'utiliser des logiciels de conception de RV tels que Unity, Unreal Engine, Blender et Sketchup. Ces logiciels permettent de créer des environnements immersifs en utilisant

des éléments tels que des textures, des lumières et des effets spéciaux.

Compétences en modélisation 3D :
Les concepteurs d'environnements immersifs doivent être en mesure de créer des modèles 3D réalistes pour les objets et les environnements de RV. Cela nécessite une connaissance approfondie des logiciels de modélisation 3D tels que Maya et 3DS Max. .

Compétences en animation :
Les concepteurs d'environnements immersifs doivent être en mesure de créer des mouvements fluides pour les personnages et les objets dans l'environnement virtuel. Cela nécessite une connaissance approfondie des logiciels d'animation tels que Mixamo et Blender.

Compétences en programmation :

Les concepteurs d'environnements immersifs doivent être en mesure de programmer des interactions utilisateur-environnement pour les environnements de RV. Ils doivent être en mesure de créer des scripts pour la gestion des mouvements de la caméra, la gestion des entrées utilisateur et l'affichage des éléments interactifs en temps réel.

Compétences en conception d'interface utilisateur :

Les concepteurs d'environnements immersifs doivent être en mesure de concevoir des interfaces utilisateur pour les environnements de RV. Cela comprend la conception de menus, la gestion des entrées utilisateur et la création de schémas de contrôle.

Technologies de réalité augmentée pour la conception d'environnements immersifs

La RA est une technologie qui permet aux utilisateurs d'interagir avec des environnements virtuels en temps réel en ajoutant des éléments numériques au monde réel. Pour concevoir des environnements immersifs, il est nécessaire de maîtriser les différentes technologies de RA telles que :

Les applications de RA :
Les applications de RA sont des applications pour smartphone et tablette qui utilisent la caméra de l'appareil pour afficher des éléments numériques dans le monde réel. Les utilisateurs peuvent interagir avec ces éléments numériques en temps réel.

Les lunettes de RA :

Les lunettes de RA sont des dispositifs qui se portent sur la tête et qui ont des écrans intégrés. Ces écrans affichent des éléments numériques dans le champ de vision de l'utilisateur, permettant une interaction en temps réel avec le monde réel.

Les accessoires de RA :

Les accessoires de RA sont des dispositifs qui ajoutent des fonctionnalités supplémentaires aux applications de RA et aux lunettes de RA. Par exemple, les capteurs de mouvement permettent aux utilisateurs d'interagir avec des éléments numériques en temps réel, tandis que les gants de RA permettent une interaction plus précise avec des objets numériques.

Compétences nécessaires pour maîtriser les technologies de RA pour la conception d'environnements immersifs

Pour concevoir des environnements immersifs en utilisant la RA, il est important d'avoir des compétences spécifiques. Les compétences nécessaires pour maîtriser les technologies de RA pour la conception d'environnements immersifs comprennent :

Connaissance des logiciels de développement de RA :
Les concepteurs d'environnements immersifs doivent être en mesure d'utiliser des logiciels de développement de RA tels que Vuforia, ARKit et ARCore. Ces logiciels permettent de créer des applications de RA et de gérer les éléments numériques en temps réel.

Compétences en conception d'interface utilisateur :

Les concepteurs d'environnements immersifs doivent être en mesure de concevoir des interfaces utilisateur pour les applications de RA. Cela comprend la conception de menus, la gestion des entrées utilisateur et la création de schémas de contrôle.

Compétences en traitement d'image :

Les concepteurs d'environnements immersifs doivent être en mesure de gérer le traitement d'image pour les applications de RA. Ils doivent être en mesure de gérer la reconnaissance d'image et de géolocalisation pour l'affichage des éléments numériques en temps réel.

Compétences en animation :

Les concepteurs d'environnements immersifs doivent être en mesure de créer des mouvements fluides pour les éléments numériques dans l'environnement de RA. Cela nécessite une connaissance approfondie des logiciels d'animation tels que Mixamo et Blender.

Compétences en développement web et mobile :

Les concepteurs d'environnements immersifs doivent être en mesure de développer des applications de RA pour les plateformes mobiles et web. Ils doivent être en mesure de créer des applications réactives qui peuvent s'adapter à différentes tailles d'écran et à différents systèmes d'exploitation.

Conclusion

La maîtrise des technologies de RV et de RA est essentielle pour les concepteurs souhaitant créer des environnements immersifs interactifs pour l'apprentissage. Les compétences nécessaires pour maîtriser ces technologies incluent la connaissance des logiciels de conception et de développement de RV et de RA, la modélisation 3D, l'animation, la programmation et la conception d'interfaces utilisateur. Les concepteurs doivent également être en mesure de gérer les contraintes techniques et matérielles liées à la création d'environnements immersifs. Les technologies de RV et de RA sont en train de changer la façon dont nous apprenons et nous formons, et la maîtrise de ces technologies est essentielle pour rester compétitif dans le monde de l'éducation et de la formation.

Compétences en développement de contenu

Le développement de contenu est l'une des compétences clés pour les professionnels souhaitant créer des expériences immersives pour l'apprentissage. Le contenu peut prendre de nombreuses formes, notamment des simulations, des jeux, des scénarios interactifs, des vidéos 360, des modèles 3D, etc. Pour créer du contenu immersif de haute qualité, il est essentiel d'avoir des compétences en développement de contenu. Dans ce chapitre, nous allons explorer les compétences nécessaires pour développer du contenu immersif pour l'apprentissage.

Compétences en conception pédagogique : Les professionnels qui souhaitent développer du contenu immersif pour l'apprentissage doivent avoir des compétences en conception pédagogique. Ils doivent être en mesure de comprendre les besoins de l'apprenant et de concevoir du contenu qui est efficace pour l'apprentissage. Ils doivent être en mesure de créer des objectifs d'apprentissage clairs et mesurables, ainsi que des plans de cours qui sont alignés sur ces objectifs.

Compétences en écriture de scénarios :
Les professionnels qui développent du contenu immersif doivent être en mesure d'écrire des scénarios efficaces pour leur contenu. Les scénarios permettent aux apprenants d'interagir avec l'environnement virtuel et de développer des compétences spécifiques. Les scénarios doivent être conçus de manière à ce que les apprenants puissent s'immerger dans l'environnement et atteindre les objectifs d'apprentissage.

Compétences en développement de jeux :

Le développement de jeux est une compétence clé pour les professionnels souhaitant développer du contenu immersif pour l'apprentissage. Les jeux sont un excellent moyen d'engager les apprenants et de les motiver à apprendre. Les professionnels doivent être en mesure de concevoir des jeux qui sont adaptés aux objectifs d'apprentissage et qui fournissent une expérience immersive.

Compétences en modélisation 3D :

Les professionnels qui développent du contenu immersif doivent avoir des compétences en modélisation 3D. Ils doivent être en mesure de créer des modèles 3D réalistes pour les environnements virtuels et les personnages. Les modèles 3D doivent être conçus de manière à ce qu'ils puissent être utilisés dans des simulations et des jeux.

Compétences en animation :

Les professionnels qui développent du contenu immersif doivent être en mesure de créer des animations pour les personnages et les objets dans l'environnement virtuel. Les animations doivent être fluides et réalistes pour créer une expérience immersive pour l'apprenant.

Compétences en programmation :

Les professionnels qui développent du contenu immersif doivent avoir des compétences en programmation pour créer des interactions utilisateur-environnement. Ils doivent être en mesure de créer des scripts pour gérer les mouvements de la caméra, la gestion des entrées utilisateur et l'affichage des éléments interactifs en temps réel.

Compétences en développement web et mobile:
Les professionnels qui développent du contenu immersif doivent avoir des compétences en développement web et mobile. Ils doivent être en mesure de créer des applications réactives qui peuvent s'adapter à différentes tailles d'écran et à différents systèmes d'exploitation.

Compétences en gestion de projet :
Les professionnels qui développent du contenu immersif doivent avoir des compétences en gestion de projet. Ils doivent être en mesure de gérer efficacement le temps, le budget et les ressources pour assurer la qualité et la pertinence du contenu. La gestion de projet est essentielle

pour s'assurer que le contenu est livré à temps et qu'il répond aux objectifs d'apprentissage.

Compétences en conception d'interfaces utilisateur :

Les professionnels qui développent du contenu immersif doivent être en mesure de concevoir des interfaces utilisateur efficaces pour l'environnement virtuel. Les interfaces doivent être conçues de manière à ce qu'elles soient intuitives et faciles à utiliser pour les apprenants. Les professionnels doivent être en mesure de concevoir des interfaces qui permettent aux apprenants de naviguer facilement dans l'environnement virtuel et d'interagir avec les éléments numériques.

Compétences en recherche et analyse de données :

Les professionnels qui développent du contenu immersif doivent être en mesure de recueillir et d'analyser des données pour évaluer l'efficacité de leur contenu. Ils doivent être en mesure de recueillir des données sur l'engagement des apprenants, les résultats d'apprentissage et l'impact sur les performances professionnelles. Les professionnels doivent être en mesure d'analyser ces données pour améliorer leur contenu et leur stratégie d'apprentissage.

Conclusion

Le développement de contenu est une compétence clé pour les professionnels souhaitant créer des expériences immersives pour l'apprentissage. Les compétences nécessaires pour développer du contenu immersif incluent la conception pédagogique, l'écriture de scénarios, le développement de jeux, la modélisation 3D, l'animation, la programmation, la conception d'interfaces utilisateur, la gestion de projet, la recherche et l'analyse de données. Les professionnels doivent également être en mesure de s'adapter aux différentes plateformes de développement, telles que la réalité virtuelle et augmentée, ainsi que les plateformes web et mobiles. La maîtrise de ces compétences est essentielle pour créer du contenu immersif de haute qualité qui permet aux apprenants de s'immerger dans l'environnement et de développer des compétences spécifiques.

Compétences en animation et en narration

Les compétences en animation et en narration sont essentielles pour les professionnels souhaitant créer des expériences immersives pour l'apprentissage. L'animation et la narration sont des éléments clés qui permettent aux apprenants de s'immerger dans l'environnement virtuel et de développer des compétences spécifiques. Dans ce chapitre, nous allons explorer les compétences nécessaires pour maîtriser l'animation et la narration pour le développement de contenu immersif.

Compétences en animation

Connaissance des logiciels d'animation :
Les professionnels qui souhaitent développer des animations pour le contenu immersif doivent être en mesure de maîtriser les logiciels d'animation tels que Blender, Maya, 3ds Max et Unity. Ils

doivent être en mesure de créer des animations fluides et réalistes pour les personnages et les objets dans l'environnement virtuel.

Compétences en modélisation 3D :

Les professionnels qui développent des animations pour le contenu immersif doivent également avoir des compétences en modélisation 3D. Ils doivent être en mesure de créer des modèles 3D réalistes pour les personnages et les objets dans l'environnement virtuel.

Compétences en texturing :

Les professionnels qui développent des animations pour le contenu immersif doivent être en mesure de créer des textures pour les objets dans l'environnement virtuel. Les textures ajoutent de la profondeur et du réalisme à l'environnement virtuel.

Compétences en rigging :

Les professionnels qui développent des animations pour le contenu immersif doivent être en mesure de créer des rigs pour les personnages et les objets. Les rigs permettent de contrôler les mouvements des personnages et des objets dans l'environnement virtuel.

Compétences en animation cinématique :

Les professionnels qui développent des animations pour le contenu immersif doivent être en mesure de créer des animations cinématiques pour raconter une histoire ou un scénario. Les animations cinématiques sont souvent utilisées pour introduire une situation, un personnage ou un événement.

Compétences en narration

Connaissance de la structure narrative :
Les professionnels qui développent du contenu immersif doivent être en mesure de comprendre la structure narrative et comment raconter une histoire. Ils doivent être en mesure de créer des personnages convaincants, des arcs narratifs et des événements qui captivent l'attention des apprenants.

Compétences en écriture de scénarios :
Les professionnels qui développent du contenu immersif doivent être en mesure d'écrire des scénarios efficaces pour leur contenu. Les scénarios permettent aux apprenants d'interagir avec l'environnement virtuel et de développer des compétences spécifiques. Les scénarios doivent être conçus de manière à ce que les apprenants

puissent s'immerger dans l'environnement et atteindre les objectifs d'apprentissage.

Compétences en narration interactive :
Les professionnels qui développent du contenu immersif doivent être en mesure de créer une narration interactive pour permettre aux apprenants de prendre des décisions et de voir les conséquences de leurs choix. La narration interactive permet aux apprenants de s'immerger dans l'environnement virtuel et de développer des compétences de résolution de problèmes.

Compétences en enregistrement vocal :
Les professionnels qui développent du contenu immersif doivent être en mesure d'enregistrer des voix off pour leur narration. Les voix off ajoutent une dimension supplémentaire à l'environnement

virtuel et aident les apprenants à se sentir plus immergés dans l'environnement.

Compétences en conception sonore :

Les professionnels qui développent du contenu immersif doivent être en mesure de concevoir des effets sonores pour leur environnement virtuel. Les effets sonores ajoutent une dimension supplémentaire à l'environnement virtuel et aident les apprenants à se sentir plus immergés dans l'environnement.

Compétences en composition musicale :

Les professionnels qui développent du contenu immersif doivent être en mesure de composer de la musique pour leur environnement virtuel. La musique peut aider à créer une ambiance et à évoquer des émotions chez les apprenants.

Compétences en gestion de projet :

Les professionnels qui développent du contenu immersif doivent avoir des compétences en gestion de projet. Ils doivent être en mesure de gérer efficacement le temps, le budget et les ressources pour assurer la qualité et la pertinence du contenu. La gestion de projet est essentielle pour s'assurer que le contenu est livré à temps et qu'il répond aux objectifs d'apprentissage.

Compétences en collaboration :

Les professionnels qui développent du contenu immersif doivent être en mesure de collaborer efficacement avec d'autres membres de l'équipe, tels que les concepteurs, les programmeurs et les ingénieurs. La collaboration est essentielle pour assurer la qualité et la pertinence du contenu.

Conclusion

L'animation et la narration sont des éléments clés pour créer des expériences immersives pour l'apprentissage. Les professionnels qui développent du contenu immersif doivent avoir des compétences en animation, telles que la connaissance des logiciels d'animation, la modélisation 3D, le texturing, le rigging et l'animation cinématique. Ils doivent également avoir des compétences en narration, telles que la connaissance de la structure narrative, l'écriture de scénarios, la narration interactive, l'enregistrement vocal, la conception sonore, la composition musicale, la gestion de projet et la collaboration. La maîtrise de ces compétences est essentielle pour créer du contenu immersif de haute qualité qui permet aux apprenants de s'immerger dans l'environnement et de développer des compétences spécifiques.

Chapitre 7 :

Conclusion

La création de formations immersives en réalité virtuelle (VR) et augmentée (AR) offre de nombreuses possibilités pour l'apprentissage et la formation, mais elle nécessite des équipements matériels et des outils techniques spécifiques pour offrir une expérience immersive de qualité. Tout au long de ce livre, nous avons exploré les différentes étapes de la création de formations immersives, de la conception à la mise en œuvre, en passant par le développement et les défis techniques à surmonter.

Il est clair que l'apprentissage immersif en VR et AR peut offrir des avantages considérables pour les apprenants et les formateurs. Ces avantages comprennent une meilleure rétention des connaissances, une expérience d'apprentissage plus engageante et une meilleure réactivité aux différents styles d'apprentissage. Pour les formateurs, les formations immersives peuvent offrir un environnement de formation plus flexible et une plus grande adaptabilité aux besoins individuels des apprenants.

Cependant, la création de formations immersives en VR et AR nécessite également une réflexion approfondie sur les contraintes matérielles et techniques, telles que la compatibilité matérielle, la puissance de calcul, la qualité d'affichage, la connectivité, la sécurité des données, la qualité du son et la facilité d'utilisation. Les formateurs doivent être en mesure de surmonter ces défis techniques pour offrir une expérience immersive de qualité aux apprenants.

Pour y parvenir, il est important que les formateurs aient une bonne compréhension des technologies de VR et AR disponibles pour créer des environnements de formation immersifs. Il existe une variété de logiciels et d'outils de développement disponibles pour les formateurs, tels que Unity, Unreal Engine, Blender et Maya. Les formateurs doivent être capables de maîtriser ces outils pour créer des environnements de formation immersifs de qualité.

En outre, il est important que les formateurs prennent en compte les différents types de contenu immersif disponibles, tels que la 3D, la vidéo 360 et les hologrammes, pour créer une expérience immersive adaptée aux besoins des apprenants. Les formateurs doivent également être en mesure de définir les objectifs de formation et de choisir les éléments d'apprentissage appropriés pour une expérience immersive.

La facilité d'utilisation est également un élément crucial pour assurer une expérience immersive réussie. Les formateurs doivent s'assurer que les environnements de formation sont conviviaux et faciles à utiliser pour faciliter l'apprentissage. Ils doivent également fournir des guides d'utilisation détaillés pour aider les apprenants à naviguer facilement dans les environnements de formation.

Pour surmonter les défis techniques de la création de formations immersives, les formateurs doivent également être conscients des limites des équipements matériels disponibles. Ils doivent être capables de choisir les équipements de qualité adaptés aux besoins de l'environnement de formation et de garantir une connectivité Internet stable et fiable pour une expérience immersive de qualité.

Enfin, les formateurs doivent également être conscients de la sécurité des données et de la protection de la vie privée lors de la création de formations immersives. Ils doivent prendre des mesures pour sécuriser les environnements de formation en utilisant des pares-feux, des logiciels de sécurité et des protocoles de cryptage pour garantir que les données des apprenants sont protégées.

Malgré les défis techniques et les contraintes matérielles, l'apprentissage immersif en VR et AR est l'avenir de la formation. Les environnements de formation immersifs offrent une expérience d'apprentissage engageante et stimulante qui peut aider les apprenants à acquérir des compétences plus rapidement et plus efficacement. Les formateurs doivent être prêts à utiliser ces technologies pour améliorer l'apprentissage et la formation.

En outre, l'apprentissage immersif en VR et AR peut également offrir une formation plus flexible et plus adaptée aux besoins individuels des apprenants. Les environnements de formation immersifs peuvent être conçus pour répondre aux besoins spécifiques des apprenants, qu'il s'agisse de l'apprentissage de compétences techniques, de la formation à la sécurité ou de la formation aux compétences interpersonnelles.

Enfin, l'apprentissage immersif en VR et AR est également une opportunité pour les formateurs de se positionner en tant que leaders dans l'industrie de la formation. Les formateurs qui maîtrisent ces technologies seront mieux placés pour proposer des programmes de formation innovants et attractifs pour les entreprises et les organisations qui cherchent à développer les compétences de leur personnel.

En conclusion, la création de formations immersives en VR et AR est un domaine passionnant et en constante évolution qui offre de nombreuses possibilités pour les formateurs et les apprenants. Les formateurs qui sont prêts à relever les défis techniques et à maîtriser les technologies nécessaires pour créer des environnements de formation immersifs seront mieux équipés pour offrir une expérience d'apprentissage de qualité aux apprenants. Avec la montée en puissance des technologies de VR et AR, l'apprentissage immersif est l'avenir de la formation, et les formateurs qui embrassent cette technologie seront à la pointe de l'industrie de la formation.

Ressources

Les avantages de l'apprentissage immersif en VR et AR pour les formateurs et les apprenants :

Zhang, L., & Kaufman, D. (2016). Immersive educational virtual environments : Review of current research and future directions. International Journal of Distance Education Technologies, 14(4), 1-17.

Kim, H. J., & Kim, Y. J. (2017). The effect of immersive virtual reality on learner's retention and satisfaction in science education. Journal of Educational Technology & Society, 20(3), 110-121.

Lee, M. J. W., & Hammer, J. (2011). Gamification in education: What, how, why bother? Academic Exchange Quarterly, 15(2), 1-5.

Kapp, K. M. (2012). The gamification of learning and instruction: Game-based methods and strategies for training and education. John Wiley & Sons.

Les différents types de contenu immersif (3D, vidéo 360, hologrammes) :

Sutherland, I. E. (1968). A head-mounted three dimensional display. Proceedings of the December 9-11, 1968, fall joint computer conference, part I (pp. 757-764).

Gálvez, M., & García-Betances, R. I. (2019). Virtual and augmented reality in cognitive rehabilitation : A systematic review. Neurología (English Edition), 34(1), 1-12.

Cañedo-Argüelles, M., García-Varela, A., & Lozano-Tello, A. (2020). Augmented reality in education : A systematic literature review.

Journal of Educational Technology & Society, 23(3), 1-17.

Les plateformes VR et AR disponibles pour créer des formations immersives :

Unity Technologies. (2022). Unity. Retrieved from https ://unity.com/

Unreal Engine. (2022). Unreal Engine. Retrieved from https ://www.unrealengine.com/

Google. (2022). Google AR & VR. Retrieved from https ://arvr.google.com/

Conception de formations immersives en VR et AR :

Sweller, J. (1999). Instructional design in technical areas. Camberwell, Vic.: ACER Press.

Clark, R. C., & Mayer, R. E. (2016). E-learning and the science of instruction: Proven guidelines for consumers and designers of multimedia learning. John Wiley & Sons.

Prensky, M. (2001). Digital game-based learning. New York: McGraw-Hill.

Développement de formations immersives en VR et AR :

Hameed, S., Sunar, M. S., & Saba, T. (2019). Virtual reality development: Challenges and opportunities. In Advances in computer and computational sciences (pp. 419-425). Springer.

Rauschnabel, P. A., Rossmann, A., & tom Dieck, M. C. (2019). An adoption framework for mobile augmented reality games: The case of Pokémon Go. Computers in Human Behavior, 99, 276-286.

Dede, C., & Richards, J. (2016). Digital teaching platforms: Customizing classroom learning for each student. Journal of Science Education and Technology, 25(6), 925-938.

Mise en œuvre de formations immersives en VR et AR :

Jiang, X., & Zheng, X. (2015). Examining the effectiveness of different augmented reality-based learning instructions. International Journal of Distance Education Technologies, 13(3), 1-14.
Dede, C. (2009). Immersive interfaces for engagement and learning. Science, 323(5910), 66-69.
Koivisto, J. M., & Hamari, J. (2019). The rise of motivational information systems: A review of gamification research. International Journal of Information Management, 45, 191-210.

Les applications de l'apprentissage immersif en VR et AR :

Lee, K. M. (2004). Presence, explicated. Communication theory, 14(1), 27-50.

Facer, K., Joiner, R., Stanton, D., Reid, J., Hull, R., & Kirk, D. (2004). Savannah: Mobile gaming and learning? Journal of Computer Assisted Learning, 20(6), 399-409.

Lan, Y. J., Chen, Y. H., Huang, C. C., & Hsieh, Y. C. (2020). Effects of immersive virtual reality on student achievement and learning satisfaction. Journal of Educational Technology & Society, 23(2), 24-35.

Les défis techniques de la création de formations immersives en VR et AR :

Craig, A. B. (2013). Understanding augmented reality: Concepts and applications. Elsevier.

Billinghurst, M., Kato, H., & Poupyrev, I. (2008). The magic book-moving seamlessly between reality and virtuality. IEEE Computer Graphics and Applications, 28(2), 6-8.

Azuma, R., Baillot, Y., Behringer, R., Feiner, S., Julier, S., & MacIntyre, B. (2001). Recent advances in augmented reality. IEEE Computer Graphics and Applications, 21(6), 34-47.

Comment surmonter les défis techniques pour offrir une expérience immersive réussie :

Martín-Gutiérrez, J., Mora-Gutiérrez, J., Añorbe-Díaz, B., & González-Marrero, A. (2017). Virtual technologies trends in education. Eurasia Journal of Mathematics, Science and Technology Education, 13(2), 469-486.

Osburg, V. S., & Venable, G. T. (2017). The integration of augmented reality technology in technical communication classrooms. Journal of Technical Writing and Communication, 47(2), 177-195.

Feng, J., Spence, I., & Pratt, J. (2007). Playing an action video game reduces gender differences in spatial cognition. Psychological Science, 18(10), 850-855.

Références d'entreprises :

Unity. (2022). Unity. Retrieved from https://unity.com/

Unreal Engine. (2022). Unreal Engine. Retrieved from https://www.unrealengine.com/

Google. (2022). Google AR & VR. Retrieved from https://arvr.google.com/

Oculus. (2022). Oculus. Retrieved from https://www.oculus.com/

HTC Vive. (2022). HTC Vive. Retrieved from https://www.vive.com/

Made in the USA
Columbia, SC
10 April 2023

14773776R00163